Judith Le Huray
Den Weihnachtsräubern auf der Spur

Judith Le Huray

Den Weihnachtsräubern auf der Spur

Hase und Igel®
light

Für Lehrkräfte gibt es zu diesem Buch
ausführliches Begleitmaterial beim Hase und Igel Verlag.

© 2018 Hase und Igel Verlag GmbH, München
www.hase-und-igel.de
Lektorat: Anna Schultes
Illustrationen: Anna Laura Jacobi
Satz: Appel Grafik München GmbH
Druck: CPI – Ebner & Spiegel, Ulm

ISBN 978-3-86760-266-2
1. Auflage 2018

Inhalt

1. Wo bleibt die Post?   7

2. Auf Lauschposten   16

3. Spannende Aufnahmen   26

4. Spuren im Schnee   38

5. Notruf   48

6. Schwarze Kapuzen   59

7. Heimliche Verfolgung   68

8. Volltreffer   77

9. Entdeckt!   83

10. Wassermonster   94

11. Räuberjagd   101

12. Stille Nacht?   113

1. Kapitel

Wo bleibt die Post?

„Das neue Smartphone YV-27 ist echt cool!
Gutes Display, riesiger Speicher und super-
schneller Prozessor", zählt Erik begeistert auf.
„Kommst du mit zum Handyladen? Dann
zeig ich's dir."

„Okay, bin dabei", antwortet sein Freund
Yasha und hängt sich die Schultasche um.
„Wir haben heute ja früh aus. Und zum
Glück keine Hausaufgaben."

Erik stößt den Atem aus. „Das wär auch
der Hammer – Hausaufgaben am vorletzten
Tag vor den Weihnachtsferien."

An der Garderobe neben dem Klassen-
zimmer holen sie ihre dicken Winterjacken.
In den vergangenen Tagen ist viel Schnee
gefallen. Vielleicht gibt es dieses Jahr eine
weiße Weihnacht.

Zum Handyladen ist es nicht weit. Eigentlich ist es nirgendwohin sehr weit in der

kleinen Stadt. Von einem Ende zum anderen braucht man zu Fuß nur eine halbe Stunde. Bei Schnee dauert es allerdings etwas länger.

„Ich hab ein Weihnachtsgeschenk für dich", meint Yasha. „Eine kleine Abkühlung." Kichernd stopft er seinem Freund eine Handvoll Schnee in den Kragen.

„Aaah!", kreischt Erik. Vor Schreck macht er einen Hüpfer. Eilig klopft er das eiskalte Geschenk vom Hals. „Das wirst du mir büßen!" Von der Motorhaube eines Autos holt er Material für Munition und presst es zu einem weißen Ball. Mit voller Kraft wirft er ihn in Yashas Richtung.

Der aber weicht blitzschnell aus. Mit einem „Pflotsch!" landet das Geschoss auf Mirkos Stirn. Volltreffer! Ausgerechnet bei Mirko! Mit dem Neuntklässler ist nicht zu spaßen. Die halbe Schule hat Angst vor dem brutalen Kraftprotz. Wieso muss gerade er hinter Yasha stehen?

„He, wer war das?!", brüllt Mirko wütend und wischt sich den Schnee aus dem Gesicht.

Eriks Miene wird zu einer schiefen Grimasse. „Sorry, war nicht für dich gedacht", antwortet er kleinlaut. „Ich putz es weg, okay?" Vorsichtig macht er einen Schritt in Richtung des Muskelpakets.

Mirko ballt seine Hände zu Fäusten und hält die linke unter Eriks Nase. „Wag es nicht, mich anzufassen!", donnert er los. So laut, dass Eriks Trommelfell klingelt.

Erik schluckt. „Ist gut", piepst er. Dabei grinst er wie ein unschuldiges Engelchen. „Wir gehen dann. Schönen Tag noch." Wie der Blitz macht er sich mit Yasha davon. Nun sind die beiden doch schnell – trotz des Schnees.

Im Handyladen ist viel los. „Mist, da müssen wir ja ewig warten", fürchtet Erik. Während sie in der Schlange stehen, quasselt er seinem Freund die Ohren voll über die Vorzüge des neuen Smartphones. „Mit meiner alten Krücke kann ich nicht mehr viel anfangen", stöhnt Erik. „Auf dem Display sehe ich nur noch Streifen und der Speicher ist ein Witz. Außerdem ist ständig der Akku alle."

Der nächste Kunde ist an der Reihe. „Ich hätte gerne das YV-27", sagt er.

„Oh, tut mir sehr leid." Der Verkäufer schüttelt den Kopf. „Es ist seit gestern ausverkauft. Wir warten aber jeden Moment auf die neue Lieferung." Seufzend schaut er auf die Uhr. „Eigentlich müsste das Paket schon seit drei Stunden hier sein. Vielleicht ist der Lieferwagen der DHL im Schnee stecken geblieben."

Der Kunde, der das YV-27 kaufen wollte, geht zur Tür. „Ich komm dann einfach später wieder."

„Jetzt vor Weihnachten haben die Zusteller extrem viel zu tun", meint eine Frau mit dickem Schal. „Da kann es schon mal länger dauern."

Der Verkäufer seufzt wieder. „So spät kam er aber noch nie."

„Ha!" Ein älterer Herr schiebt sich nach vorn. „Wer weiß, was dieser Türke mit den Paketen angestellt hat", mischt er sich ein und fuchtelt gefährlich mit seinem Stock herum.

„Welcher Türke?", wundert sich die Frau mit Schal.

„Na, der jetzt bei der Post arbeitet. Der hat doch Dreck am Stecken." Seinen eigenen Stecken rammt er lautstark in den Boden. „Wissen Sie nicht, dass er in den Kiosk des Sportvereins eingebrochen ist?"

„Das ist aber schon über vier Jahre her", protestiert Yasha aufgebracht. „Damals war er erst fünfzehn. Und er hat nur mitgemacht, weil seine Kumpel ihn überredet haben."

„Trotzdem." Der ältere Mann winkt ab. „Einmal Dieb, immer Dieb."

„Echt?" Erik sieht seinen Freund verwundert an. „Idris war bei einem Einbruch dabei? Was hat er denn geklaut?"

„Cola, Süßigkeiten und Knabberzeug", antwortet Yasha verlegen. „Und zwanzig oder dreißig Euro. War ja nicht viel in der Kasse." Mit Blick auf den Herrn fügt er hinzu: „Seitdem hat er aber nie mehr solchen Mist gebaut!"

„Ich finde den jungen türkischen Postangestellten sehr nett", wirft eine ältere Dame ein. „Mir hat er heute Morgen mein schweres Paket bis in die Wohnung gebracht."

„Na, dann hoffe ich, er hat nichts mitgenommen", sagt der Mann und erdolcht die arme Frau beinahe mit seinem Stock.

Yasha stemmt die Fäuste in die Seiten. „He, was soll das?", wettert er. „Mein Cousin ist kein Dieb!"

„Ach, dein Vetter ist er?", fragt der Mann mit erhobener Nase. „Dann hoffe ich mal, die kriminelle Neigung liegt nicht in der Familie."

„Jetzt lassen Sie endlich den Jungen in Ruhe", mischt sich die ältere Dame ein. „Das sind doch alles dumme Vorurteile."

„Na, man wird sehen", antwortet der Mann besserwisserisch. „Ich glaube, der Türke ist mit den Paketen auf und davon. Denken Sie an meine Worte!"

„Das hör ich mir nicht mehr länger an", schimpft Yasha. Wütend stürmt er durch die

Ladentür auf die Straße. Dabei rennt er beinahe ein Mädchen um.

„He, Yasha! Ist ein wilder Stier hinter dir her?", fragt das Mädchen lachend.

„Hallo, Mara", grüßt Yasha murrend. „Ich bin stinksauer. Nur weil die Post noch nicht hier war, wird Idris verdächtigt."

Kurz darauf kommt Erik aus dem Laden. „Ach, Schwesterchen, du bist auch da", stellt er fest, nickt Mara zu und grüßt deren Freundin. „Hallo, Kathy. Was macht ihr hier?"

„Ich wollte für Paps ein Weihnachtsgeschenk besorgen", antwortet Mara. „Und Kathy sucht noch was für ihre Mutter."

„Ich kapier das nicht." Kathy wirft Yasha einen fragenden Blick zu. „Was ist mit Idris und der Post?"

Aufgebracht berichtet Yasha von der Verspätung der Lieferung und dem Verdacht des alten Herrn wegen Idris' Jugendsünden.

Kathy schüttelt den Kopf. „So ein Quatsch! Nur weil er vor Jahren mal Mist gebaut hat, kann man ihm nicht gleich einen Diebstahl andichten."

„Sag ich doch", bestätigt Yasha. Nervös fährt er sich durch sein dunkles Haar. „Aber wo ist Idris? Und wo bleibt die Post?"

2. Kapitel

Auf Lauschposten

Die Jungen begleiten Eriks Schwester und deren Freundin bei ihren Weihnachtsein-käufen. In den überfüllten Läden drängen sich bepackte Menschen, die schnell noch Geschenke holen. Überall sieht man geschmückte Tannen, Lichterketten und Weihnachtsmänner mit weißen Bärten. Adventslieder aus den Lautsprechern sollen für die passende Stimmung sorgen.

„Als würde es an Weihnachten nur um Geschenke gehen", bemerkt Kathy.

„Ist das nicht das Wichtigste?", fragt Erik zwinkernd. Natürlich kennt er den Sinn des christlichen Festes, aber an Religion liegt ihm nicht so viel.

„Ich finde, man darf nicht vergessen, dass wir Christi Geburt feiern", sagt Kathy. Sie geht ziemlich regelmäßig in die Kirche. Nicht aus Zwang, sondern aus Überzeugung.

„Wie ist es eigentlich bei euch?", fragt
Mara mit Blick auf Yasha. „Feiert ihr auch
Weihnachten?"

Yasha schüttelt den Kopf. „Im Koran spielt
Jesus keine so große Rolle. Weil in Deutschland die meisten frei haben, treffen wir uns
manchmal mit der Verwandtschaft. Aber wir
Türken feiern Weihnachten nicht wie ihr."

Während die vier Kinder in den Läden
stöbern, rätseln sie, wo Idris und die Pakete
abgeblieben sein könnten. Yasha macht sich
Sorgen um seinen Cousin. „Auf dem Handy
erreiche ich ihn nicht. Hoffentlich hatte er
keinen Unfall."

Yasha und Kathy wohnen nur ein paar
Häuser neben ihren Freunden. Nachdem die
Geschenke eingekauft sind, machen sie sich
gemeinsam auf den Heimweg.

Im Treppenhaus begegnen Mara und Erik
der alten Frau Brodbeck aus dem ersten Stock.
Sie öffnet den Briefkasten und schüttelt den

Kopf. „Ich versteh das nicht", sagt sie. „Der Briefträger war immer noch nicht da. Mein Sohn hat am Telefon gesagt, ich müsste heute ein Paket bekommen. Wegen Weih-
⁵ nachten."

„Hat er es aus Amerika geschickt?", fragt Erik.

„So ist es." Frau Brodbeck seufzt. „Jetzt arbeitet Andreas schon seit drei Monaten
¹⁰ dort. Erst im April kommt er wieder nach Deutschland." Mit traurigem Gesicht geht sie zurück in ihre Wohnung.

„Ihr seid spät dran", stellt Frau Neumann fest, als die Geschwister ihre Nasen in die
¹⁵ Küche stecken. „Gleich eins. Jetzt sind die Spaghetti verkocht."

„Entschuldigung, Mama", sagt Mara. „Wir mussten dringend etwas besorgen."

„Schag mal, war die Poscht noch nisch
²⁰ da?", fragt Erik wenig später mit einer Ladung matschiger Nudeln im Mund.

„Nein." Die Mutter schüttelt den Kopf. „Eigentlich sollte heute ein großes Paket kommen."

„Mein Keyboard?", fragt Mara neugierig. Sie geht seit einem Jahr in die Musikschule. Zu Weihnachten hat sie sich ein eigenes E-Piano gewünscht.

Ihre Mutter zuckt mit den Schultern und gibt sich unwissend. „Vielleicht."

„Kann sein, dass Idris eine Autopanne hatte", sagt Erik. „Der Handyladen wartet nämlich auch auf die Zustellung der Pakete."

„Ach, der Handyladen." Frau Neumann grinst. „Dort warst du vermutlich rein zufällig."

„Klar! Ich musste rein zufällig Yasha das Handy zeigen, das ich mir zu Weihnachten wünsche", antwortet Erik verschmitzt.

„Soso." Seine Mutter verschränkt die Arme. „Und du hoffst, dass es rein zufällig unter dem Weihnachtsbaum liegen wird."

„Genau." Erik nickt. „Falls ich rein zufällig so nette Eltern habe, die mir diesen ungeheuer dringenden Wunsch erfüllen."

„Na, das sind eine Menge Zufälle! Ich wünsche mir erst einmal ungeheuer dringend, dass meine Kinder den Tisch abräumen", sagt Frau Neumann. „Ich muss nämlich wieder zur Arbeit."

Kaum ist das Geschirr in der Spülmaschine, bekommt Erik eine WhatsApp-Nachricht von Yasha. Sein Freund will nachforschen, wo Idris abgeblieben ist.

„Bin in fünf Minuten da", schreibt Erik zurück.

Mara linst über seine Schulter. „Ich komme mit", stellt sie klar.

„Das ist nix für kleine Mädchen", zieht Erik sie auf.

„Hey, Opa, ich bin nur neunzehn Monate jünger als du. Schon vergessen? Seit sechs Wochen bin ich elf."

Erik knufft seine Schwester in die Schulter. „Okay, Alte. Dann los."

Während Erik zu Yasha geht, klingelt Mara bei ihrer Freundin. Auch Kathy will bei der Suche nach Idris helfen. Im Treppenhaus treffen die Mädchen auf Erik und Yasha.

„Ich weiß so etwa seine Route", sagt Yasha. „Wir könnten sie ablaufen und schauen, ob wir ihn unterwegs finden."

„Oder auf dem Postamt fragen", schlägt Erik vor.

„Auf dem Postamt?", wundert sich Kathy. „Ach, klar, vielleicht hat er dort angerufen, falls er eine Panne hatte."

„Außerdem können sie seinen Scanner orten", erklärt Erik.

Yasha schlägt sich mit der flachen Hand auf die Stirn. „Logisch! Darauf hätte ich auch kommen können."

Auf dem Postamt ist die Hölle los. An beiden Schaltern haben sich lange Schlangen gebildet.

„Schon wieder anstehen", murrt Erik.

„Psst!" Mara rammt ihm den Ellbogen in die Seite und deutet auf zwei Männer neben ihnen. „Hört mal, was die sagen", zischt sie.

„Wirklich unglaublich", ärgert sich einer der Männer. „Ich brauche die Lieferung umgehend!"

„Mir geht es genauso", sagt der andere. „Hätte ich mir das Paket doch besser per DPD oder GLS schicken lassen."

„Oder mit UPS", meint der erste Mann.

„Bei den anderen ist es nicht besser", wendet eine Frau ein. „Hermes kam auch einen Tag zu spät. Bei den vielen Weih-
nachtspaketen und dem Schnee …"

„Und dann noch die Grippewelle", fügt eine andere Frau hinzu. „Die legt alles lahm."

„Die Leute haben ihre Pakete heute auch nicht bekommen", stellt Yasha fest. „Hoffentlich ist Idris nichts passiert."

„Ach was", winkt Kathy ab. „Das wird sich bald alles aufklären."

Die Schlange rückt weiter. Eine Frau ist an der Reihe. „Ich will wissen, wann mein Paket endlich kommt", erklärt sie der Postbeamtin am Schalter mit lauter Stimme. „Es müsste längst da sein. Hier ist die Tracking-Nummer."

Die vier Kinder bekommen große Ohren. Erik tritt einen Schritt näher, um nichts zu verpassen.

„Ich seh mal nach." Die Postbeamtin klickt sich mit der Maus durch eine Reihe von Daten im Computer. Dann kratzt sie sich nachdenklich am Kinn. „Das versteh ich nicht", murmelt sie. „Die letzte Zustellung war vor fünf Stunden. Moment, ich muss mal den Chef fragen." Sie öffnet eine Tür und berichtet dem Herrn dahinter von ihrer Entdeckung.

Erik drängt sich weiter nach vorn, um besser lauschen zu können. Zum Glück hat die Frau die Tür nicht geschlossen.

„Merkwürdig", sagt eine Männerstimme. Weil einige Leute im Postamt durcheinanderreden, kann Erik nicht alles verstehen. Doch einige Satzfetzen schnappt er auf: „Scanner … Kronen… 17 … Fahrzeug … am Waldparkplatz … Barfußpfad … Poli…"

Die Frau schließt die Tür, die Stimme ist nicht mehr zu hören. Aber Erik hat genug mitbekommen. Er greift sich einen Prospekt und den Kugelschreiber am Schalter. Eilig notiert er die einzelnen Wörter.

„Kommt mit raus!", sagt er zu den anderen dreien. „Ich glaub, ich hab ein paar wichtige Informationen."

„Echt?" Aufgeregt folgt Yasha seinem Freund und bestürmt ihn dabei mit Fragen. „Wegen der Post? Und Idris? Gibt es einen Hinweis, was passiert sein könnte? Hast du einen Verdacht?"

3. Kapitel

Spannende Aufnahmen

Mara lacht. „Verdacht. Das klingt, als wären wir mitten in einem Krimi."

„Na ja." Yasha zuckt mit den Schultern. „Könnte doch sein, dass jemand die Pakete geklaut hat. Sind schließlich tolle Sachen drin, so kurz vor Weihnachten."

„Stimmt, mein Keyboard zum Beispiel", seufzt Mara.

„Vielleicht auch mein Smartphone", fügt Erik hinzu.

„Das wäre echt gemein, wenn jemand die Weihnachtspost gestohlen hätte", meint Kathy.

„Allerdings!" Erik schaut auf seinen Zettel. „Hört mal zu, Leute. Ich hab eben so einiges gehört." Eifrig berichtet er, was er im Postamt aufgeschnappt hat.

„Kronen… 17 – das könnte die Kronenstraße sein", fällt Mara ein.

Yasha nickt. „Vielleicht ist ja dort der Scanner. Darauf müssen die Leute unterschreiben, wenn sie ein Paket bekommen."

Mara sieht sich Eriks gekritzelte Notizen an. „Heißt das Waldparkplatz? Was soll damit sein?"

„Das frag ich mich auch", sagt Erik. „Das Fahrzeug kann ja eigentlich nicht so weit vom Scanner entfernt sein."

„Und wenn doch?" Yasha stöhnt. „Wo ist dann Idris?"

Erik legt seinem Freund einen Arm um die Schulter. „Das werden wir rausfinden. Ich würde vorschlagen, wir gehen zuerst in die Kronenstraße."

Acht Augen suchen die Umgebung ab. Doch vor dem Haus mit der Nummer 17 gibt es nichts Besonderes zu entdecken. Nur eine Schneeschippe, einen kleinen Schneemann und einen Kinderschlitten. Kein gelbes Fahrzeug mit der Aufschrift *Deutsche Post* oder *DHL*. Und keinen Scanner.

Erik durchsucht einen Mülleimer, Mara schaut bei den parkenden Autos. Nichts.

Yasha umrundet das Haus. Dabei wird er von einer Bewohnerin entdeckt. „Was suchst du da? Mach, dass du verschwindest!"

Yasha eilt zurück zu den anderen. Mit hängendem Kopf kickt er in einen Schnee-haufen. „Das bringt doch alles nix", stöhnt er.

Plötzlich lässt Kathy einen Aufschrei hören. Kurz darauf kriecht sie unter einem Busch hervor. Hose, Jacke und Mütze – alles ist weiß vom Schnee. „Schaut mal!", ruft sie stolz. Wie eine Trophäe hält sie ein Gerät nach oben, das beinahe wie ein zu groß geratenes Telefon aussieht. „Ich hab ihn gefunden!"

Erik klopft ihr auf die Schulter. „Cool", lobt er. „Aber wie ist der Scanner in den Busch gekommen?"

„Ist nicht weit vom Hauseingang", stellt Mara fest. „Vielleicht ist er Idris aus dem Gürtel gerutscht und er hat ihn nicht mehr gefunden."

Yasha atmet tief durch. „Aber wir wissen immer noch nicht, wo mein Cousin ist."

Erik sieht sich um. Sein Blick bleibt an einem Balkon des Hauses mit der Nummer 13 hängen. Dann huscht ein Lächeln über sein Gesicht. „Da drüben wohnt doch Bodo, der Computerfreak", fällt ihm ein. „Ich denke, wir sollten ihm einen kleinen Besuch abstatten."

„Spinnst du?", motzt Yasha. „Ich hab wirklich andere Sorgen als irgendwelchen PC-Kram."

Erik lässt sich nicht beirren. „Fällt euch an Bodos Balkon etwas auf?"

„Oh Mann!" Mara verdreht die Augen. „Mein Bruder spielt mal wieder Mister Oberschlau. Was soll da sein?"

„Das schwarze runde Ding, das am Geländer klemmt?", fragt Kathy.

„Genau", bestätigt Erik. „Das ist eine Webcam. Vielleicht hat die ja etwas Wichtiges aufgezeichnet."

Ohne Zeit mit Diskussionen zu verlieren, klingelt Erik bei dem Siebtklässler.

Bodo öffnet die Tür. „Was wollt ihr denn hier?", fragt er überrascht.

Erik kommt gleich zur Sache. „Sag mal, zeichnet deine Webcam über einen längeren Zeitraum auf?"

„Klar. Aber nach 48 Stunden wird die Aufnahme automatisch gelöscht. Warum willst du das wissen?", fragt Bodo.

„Wir suchen meinen Cousin", erklärt Yasha. „Er ist hier verschwunden."

„Hä?" Bodo macht ein Gesicht, als hätte Yasha türkisch mit ihm gesprochen.

„Können wir reinkommen?", fragt Erik. „Wir würden deine Aufzeichnungen gerne sehen."

In Bodos Zimmer herrscht das reinste Chaos. Überall liegen Computerteile und PC-Zeitschriften herum, dazwischen schmutzige Wäsche und leere Chipstüten. Zum Aufräumen hat der Technikfreak wohl keine Zeit. „Also, legt los. Worum geht's?", fragt er.

Die vier Freunde berichten von den verschwundenen Paketen, dem verschollenen Vetter, den Hinweisen im Postamt und dem gefundenen Scanner.

„Hammer!", staunt Bodo. „Okay, wann soll der Postfritze hier gewesen sein?"

„Heute Morgen so gegen neun", sagt Erik.

Bodo macht sich gleich an die Arbeit. Im Schnelldurchgang spielt er einen Film ab, der immer denselben Straßenabschnitt zeigt. Eine Frau mit Kinderwagen düst innerhalb einer Sekunde vorbei, Autos rasen im Affenzahn durch die kleine Wohnstraße.

„Halt!", rufen Yasha und Mara gleichzeitig.

„Da war etwas Gelbes", erklärt Yasha. „Könnte Idris im Postfahrzeug sein."

Bodo spult ein Stück zurück. Das Bild ist unscharf. Trotzdem kann man den Lieferwagen erkennen. Er hält vor dem Haus. Idris steigt aus, mit einigen Briefen und einem Päckchen in der Hand. Kurz darauf geht er zurück zu seinem gelben Transporter und fährt los. Das war's.

„Mist", murrt Erik. „Das bringt uns nicht weiter."

„Immerhin wissen wir jetzt, dass er die Post hier noch ausgetragen hat", stellt Kathy fest.

„Kannst du uns die Stellen kurz davor und danach noch einmal zeigen?", fragt Yasha.

„Okay." Bodo geht eine Minute weiter zurück. Nun sieht man einen weißen Kleinbus in Zeitlupe vorüberfahren. Undeutlich kann man links hinten einen blauen Aufkleber erkennen. Erneut schauen sie Idris bei der Arbeit zu. Erst jetzt fallen ihnen die drei schwarzen Gestalten mit Kapuzen auf. Sie stehen auf der anderen Straßenseite und scheinen Idris zu beobachten.

„Seht ihr das?" Yasha fährt sich nervös durch die Haare. „Wer sind die? Spul noch mal zurück."

Zu fünft verfolgen sie die Szene auf dem Monitor. Zuerst fährt der weiße Kleinbus im Schneckentempo im Bild von links nach rechts. Kurz darauf kommt der gelbe Post-

wagen von links, hält an und Idris steigt aus. Kaum geht er zum Haus, tauchen die drei Gestalten von der rechten Seite auf. Gerade mal fünf Sekunden sind sie zu sehen. Dann
5 machen sie sich davon.

Yasha kriecht vor Aufregung beinahe in den Monitor. „Mann, was soll das? Bespitzeln die Typen meinen Cousin? Haben die was mit seinem Verschwinden zu tun?"

10 Ein viertes Mal schauen sie die Szene an, beobachten jede Kleinigkeit. Was suchen die schwarzen Kapuzenträger vor dem Haus? Ihr Verhalten ist äußerst merkwürdig. Und verdächtig.

15 „Das waren drei junge Männer", ist Kathy überzeugt. „Und der kleinste von ihnen hat ein bisschen gehumpelt."

Mara nickt. „Ist mir auch aufgefallen. Ob der weiße Bus wohl zu ihnen gehört?"

20 „Gut möglich", meint Erik. „Vielleicht haben sie den Wagen rechts geparkt, sind

ausgestiegen und haben dann Idris beobachtet."

„Es könnten Bekannte von ihm sein",
überlegt Bodo.

Yasha zeigt ihm den Vogel. „Ach, und
dann ist er mit ihnen ein Bierchen trinken
gegangen, oder wie? He, mein Cousin ist seit
Stunden wie vom Erdboden verschluckt.
Ganz sicher haben die Typen was damit zu
tun."

„Und mit dem Verschwinden der Post-
sendungen", fügt Erik hinzu.

„Zu doof, dass wir die Männer nicht
länger sehen können", ärgert sich Mara.

„Und dass das Bild so undeutlich ist",
stöhnt Yasha. „Man kann die drei gar nicht
erkennen."

„Wenn es scharf wäre, würde ich Ärger
kriegen", stellt Bodo klar. „Dann ist eine
Webcam nämlich auf öffentlichen Straßen
verboten."

„Na ja, besser als nix", meint Erik.

Yasha schlägt sich mit einer Faust in die Hand. „Ich könnte wetten, die drei schwarzen Gestalten haben die Weihnachtspost gestohlen."

„Du meinst, das sind echt Verbrecher?", fragt Kathy unsicher.

„Hundertpro!" Für Yasha gibt es keinen Zweifel.

„Kannst du uns eine Kopie von der Aufnahme geben?", bittet Erik den Computerfreak.

„Kein Problem." Bodo macht sich an die Arbeit. Kurz darauf drückt er Erik einen USB-Stick in die Hand und sagt: „Wiedersehen macht Freude."

„Wie geht es jetzt weiter?", fragt Kathy, als die vier wieder auf der Kronenstraße stehen.

„Ich finde, wir sollten zur Polizei gehen", sagt Mara.

„Stimmt", gibt Erik ihr recht. „Mit unseren Hinweisen können die Beamten sicher etwas anfangen."

Seine Schwester schüttelt ungläubig den Kopf. „Mir scheint, das ist wirklich ein Krimi. Sogar mit Filmaufnahmen."

„Und mein Cousin ist das Opfer", fügt Yasha verzweifelt hinzu.

4. Kapitel

Spuren im Schnee

Auf der Polizeiwache drängen sich die Leute wie Ölsardinen. „Das ist eine Unverschämtheit, mich hier so lange warten zu lassen", schimpft ein Mann mit schwarzem Mantel. „Ich bin Manager einer großen Firma und hab Besseres zu tun, als stundenlang tatenlos herumzusitzen!"

„Es tut uns leid", versucht eine Beamtin ihn zu beruhigen. „Wir sind gerade vollkommen überlastet. Sie wissen doch: der Raubzug im Juwelierladen. Dazu die vielen Wohnungseinbrüche und Taschendiebstähle." Die Frau stöhnt. „Und ausgerechnet jetzt liegt die Hälfte unserer Leute mit schwerer Grippe im Bett."

Yasha tritt nervös von einem Bein aufs andere. „Oh Mann, ich kann nicht ewig hier rumstehen. Wer weiß, was in der Zeit mit meinem Cousin passiert."

Erik ist ganz seiner Meinung. „Wenn die Polizei uns nicht helfen kann, müssen wir selbst etwas unternehmen."

„Was hast du noch aufgeschrieben?", fragt Mara ihren Bruder.

Erik kramt den Zettel aus seiner Jackentasche. „Poli… – das wird Polizei heißen", vermutet er. „Aber was ist mit Waldparkplatz, Barfußpfad und dem Fahrzeug?"

„Mit dem Fahrzeug könnte Idris' Postauto gemeint sein", überlegt Yasha. „Vielleicht haben sie es geortet."

„Moment!" Kathy hat eine Idee. „Im Bernsteiner Forst gibt es doch einen Barfußpfad. Da war ich schon mal mit meiner Mutter. Ganz in der Nähe ist auch ein Waldparkplatz."

„Super!", lobt Mara ihre Freundin. „Da sollten wir nachsehen, ob wir etwas finden. Aber wie kommen wir dorthin?"

Alle zucken mit den Schultern.

„Wozu gibt's Google Maps?" Erik holt sein Smartphone aus der Tasche, doch auf dem Display tut sich nichts. „Das kann nicht wahr sein", jammert er. „Schon wieder der Akku leer."

Während Erik schimpft, dass er dringend das YV-27 braucht, tippt Yasha bereits den Suchbegriff in sein Handy ein. Der Routenplaner sagt ihm, dass der Waldparkplatz acht Kilometer entfernt liegt.

„Ein Bus hält dort in der Nähe", weiß Kathy.

Yasha klickt sich durch die nächste App. „Leute, das wird knapp. Die Linie 7 fährt in fünf Minuten vom Marktplatz ab."

„Dann los!", gibt Mara das Kommando. „Das schaffen wir."

Schnaufend kommen sie am Marktplatz an – gleichzeitig mit dem Bus. Eilig steigen sie ein.

„Vier Schüler zum Bernsteiner Forst",
keucht Erik.

„Das macht sieben Euro zwanzig", sagt der
Fahrer.

5 Erik streicht sich nervös durch die Haare.
„Hat von euch jemand Geld dabei?"

Daran haben sie nicht gedacht. Alle
kramen in ihren Taschen und legen ihre
Münzen auf die Kasse: 5,45 Euro.

10 „Das reicht nur für drei von uns", rechnet
Mara schnell aus. „Wer bleibt hier?"

Niemand meldet sich.

„Kinder, ich hab nicht ewig Zeit", drängt
der Busfahrer.

15 „Können Sie nicht bitte, bitte eine Ausnahme machen?", fragt Kathy mit engel-
haftem Lächeln. „Es ist sehr dringend.
Wirklich. Weil … ähm … Meine Oma ist
gestürzt. Mit dem Rollstuhl."

20 „Na gut. Steigt ein", sagt der Fahrer leise
und drückt Kathy drei Fahrkarten und fünf

Cent in die Hand. „Aber das ist eine ein-
malige Ausnahme."

„Vielen Dank", sagen die vier gleichzeitig
und verkrümeln sich schnell nach hinten in
die letzte Reihe.

Mara grinst ihre Freundin schelmisch an.
„Sieh an, Kathy. Ich dachte, du bist streng
katholisch. Da darf man doch nicht lügen.
Musst du das beichten?"

„Ach was." Kathy winkt ab. „Das war
eine Notlüge. Das gilt nicht." Trotzdem
wird sie rot.

Yasha rutscht unruhig auf dem Sitz herum.
„Hoffentlich ist Idris da", murmelt er.

Eine Viertelstunde später kommen sie an
der Haltestelle am Waldrand an.

„Wo ist nun der Parkplatz?", fragt Mara.

„Weiß ich nicht mehr so genau", gibt
Kathy zu.

„Da sind Reifenspuren. Ich würde sagen,
in die Richtung", meint Erik.

Im Schnee kommen sie nur mühsam vorwärts. Zum Glück hat es aber seit dem frühen Morgen nicht mehr geschneit. So können sie den Spuren folgen. Sogar im trüben Dämmerlicht sind sie noch zu erkennen.

„Eigentlich wollte ich bei dem Wetter nicht auf den Barfußpfad", scherzt Mara.

„Wieso?" Erik grinst. „Barfuß durch den Schnee, das ist doch gesund."

Besorgt schaut Kathy in den Himmel. „Gleich wird es dunkel." Sie schluckt. „Sagt mal, wie kommen wir eigentlich nach Hause?"

„Ist doch jetzt egal", motzt Yasha, als wäre es vollkommen normal, bei Eiseskälte im Schnee zu übernachten. Entschlossen legt er einen Zahn zu. Kurz darauf stampft er wütend auf. „Oh Mann! Da vorn ist der Parkplatz. Aber ich seh kein Auto. Alles umsonst."

Mara stöhnt. „Na klasse! Wir haben unser restliches Geld für den Bus ausgegeben. Noch dazu schnattern wir vor Kälte und wissen nicht, wie wir heimkommen sollen.
5   Und das alles für nix."

„Was machen wir jetzt?", fragt Kathy unsicher.

„Hm." Erik betrachtet die Reifenspuren im Schnee etwas genauer. „Es sieht so aus, als
10   wären hier zwei Autos in den Wald hineingefahren, aber nur eines wieder raus."

Mara leuchtet mit dem Smartphone auf den Boden. „Nicht schlecht, Herr Meisterdetektiv", lobt sie.

15   „Lasst uns weitergehen und überprüfen, was es damit auf sich hat. Wir sollten aber vorsichtig sein", warnt Erik. „Wir wissen nicht, wer noch im Wald ist."

Erschrocken reißt Kathy die Augen auf.
20   „Meinst du, da könnten die drei schwarzen Männer sein?"

Erik zuckt mit den Schultern. „Keine Ahnung. Aber besser, wir machen keinen Lärm. Und auch kein Licht."

Die Sonne ist inzwischen untergegangen. Im Wald ist es besonders dunkel. Die Schritte der Freunde werden immer langsamer. Weil sie so gut wie nichts sehen. Und weil ihnen ein bisschen mulmig ist. Was, wenn die Männer ihnen auflauern? Und sie überfallen?

Plötzlich bleibt Yasha stehen. „Da!", ruft er und zeigt zwischen die Bäume. „Ich seh was!"

„Psst! Sei leise", flüstert Erik.

Doch Yasha kümmert sich nicht um die Ermahnung. Er macht die Taschenlampe seines Handys an. Etwas Gelbes blitzt durch die Bäume. „Idris?", schreit er in den Wald hinein und stürzt auf den gelben Schimmer zu. „Idris, bist du da?"

Nun können es alle sehen: Das Postauto steht zwischen den Bäumen. Aus dem Inneren dringen dumpfe Geräusche.

„Da ist jemand drin", flüstert Kathy. „Ich hab Angst."

„Ich auch ein bisschen", gibt Mara zu und greift nach der zitternden Hand ihrer Freundin. Der Lärm aus dem Bus klingt äußerst bedrohlich. Mara schluckt. „Mir scheint, das ist kein Krimi, sondern ein Horrorfilm."

5. Kapitel

Notruf

Yasha ist nicht zu halten. „Idris?", ruft er
wieder, ohne zu wissen, ob in dem Bus
Gefahr lauert.

„Mmm, mmm" ist zu hören. Dann noch
5 ein „Klonk-klonk" gegen die Wagentür.
Kathy weicht einen Schritt zurück und sucht
Schutz hinter einem Baumstamm.

Entschlossen reißt Yasha die Schiebetür
auf und leuchtet in den Laderaum. „Oh
10 Mann, Idris! Was ist passiert?", krächzt er
entsetzt.

„Mmm, mmm" kommt die Antwort.
Gefesselt und geknebelt liegt Idris im Laderaum des Lieferwagens.

15 Vorsichtig wagt sich Kathy hinter dem
Baumstamm hervor. Dabei linst sie in alle
Richtungen, um sicherzugehen, dass keine
fremden Gestalten in der Dunkelheit des
Waldes lauern.

Yasha macht sich an dem Klebeband zu schaffen, mit dem Idris' Hände am Rücken gefesselt sind. Doch er ist viel zu nervös.

„Lass mich mal", sagt Mara und schiebt ihn zur Seite.

Kurze Zeit später ist Idris an Händen und Füßen befreit. Erleichtert reißt er sich den

Klebestreifen vom Mund. „Zum Glück seid ihr da", ächzt er. „Das war ein Albtraum!"

„Du zitterst", fällt Kathy auf.

„Klar, was meinst du, wie kalt es hier drin ist", stöhnt Idris.

Yasha fackelt nicht lange. Er zieht seine Jacke aus und hängt sie seinem Cousin über die Schultern. „Jetzt leg mal los. Was ist passiert?", fragt er.

Zu fünft sitzen sie auf der Ladefläche. Yashas Smartphone verbreitet ein gespenstisches Licht.

Mit klappernden Zähnen berichtet Idris von dem Überfall. „Es war heute Morgen gegen neun. Ich war in der Kronenstraße und hab gerade die Post ausgetragen. Da kamen so ein paar schwarze Gestalten."

Die anderen nicken wissend.

„Ich konnte sie kaum sehen und plötzlich hatte ich einen Sack über dem Kopf. ‚Ein Schrei und du bist ein toter Mann', hat einer zu mir gesagt. Sein Messer hab ich im Rücken gespürt. Deshalb war ich lieber still. Sie haben mich gefesselt und in den Laderaum zu den Paketen geschubst. Dann sind sie hierhergefahren. ‚Lasst mich raus!‘, hab ich geschrien. Da hat mir einer den Mund zugeklebt.“

Mara schluckt. „Also doch ein Krimi!“

„Und dann?“, fragt Yasha. Aufgeregt kaut er an einem Fingernagel.

Idris zieht die Jacke eng um seinen Körper. „Dann haben sie die Pakete und Briefe in ein anderes Fahrzeug geladen und sind weggefahren.“ Er stöhnt. „Seitdem hocke ich hier in der Kälte.“

„Du musst halb erfroren sein. Und hast bestimmt mächtigen Hunger. Und Durst“, fällt Kathy ein.

Idris nickt. „Vor allem Durst. Hunger hab ich gar nicht gemerkt.“ Leise gibt er zu: „Dafür hatte ich zu viel Schiss.“

„Wir müssen zu Hause anrufen", sagt
Yasha. „Die machen sich wahrscheinlich
schon Sorgen." Doch kaum hat er einen
Blick auf sein Smartphone geworfen, tritt
er wütend gegen den Bus. „Verflucht!
Kein Netz!"

„Notruf funktioniert", stellt Mara fest.
„Wir rufen die Polizei. Die müssen jemanden
schicken. Egal, wie viele von ihnen die Grippe
haben."

„Soll ich das machen?", fragt Erik und will
ihr das Smartphone abnehmen.

„Nein, mein lieber Bruder, ich bin selber
groß." Kurz darauf hat Mara jemanden in
der Leitung. „Guten Tag, ich bin Mara
Neumann. Wir sind in der Nähe des Wald-
parkplatzes beim Barfußpfad im Bernsteiner
Forst", sagt sie. „Ich möchte einen Überfall
melden." Während Mara am Telefon alle
wichtigen Angaben macht, reden die anderen
immer wieder dazwischen. Endlich ist alles

geklärt. Erleichtert legt sie auf. „Sie schicken einen Polizeiwagen."

„Hoffentlich bald." Idris' Zähne klappern immer noch.

„Sag mal, konntest du etwas hören?", fragt Erik. „Haben die Räuber miteinander gesprochen?"

„Ja." Idris nickt nachdenklich. „Einer hat was von einer Hütte gesagt, wo sie die Pakete hinbringen wollen. Und ein anderer hat gestöhnt, dass ihm der Kopf und die Glieder schmerzen. Waren Stimmen von jungen Männern."

„Ist dir noch was aufgefallen?", fragt sein Cousin.

Idris fasst sich grübelnd an die Stirn. „Ach ja, das andere Auto hat sich angehört wie ein VW-Bus. Ein Benziner."

„Vielleicht der weiße mit dem blauen Aufkleber", erinnert sich Kathy an die Aufnahme der Webcam.

Yasha reibt sich die Arme. „Hoffentlich kommt die Polizei bald. Es ist verdammt kalt."

„Du kannst deine Jacke wiederhaben", sagt Idris, obwohl er immer noch zittert. Yasha nimmt den Anorak dankbar an.

Endlich ist ein Motorgeräusch zu hören. Mara steigt schnell aus dem Postwagen und leuchtet mit der Taschenlampe ihres Handys in die Richtung. „Hier sind wir!", ruft sie.

„Ich hoffe, das ist die Polizei." Kathy schluckt. „Es könnten ja auch die Verbrecher sein." Doch dann sehen alle ein blaues Licht und Kathy ist beruhigt.

Der Polizeiwagen stoppt direkt neben ihnen. Ein Beamter mit Bart steigt aus. „Habt ihr angerufen?", fragt er.

„Ja, das war ich", sagt Mara. „Es gab einen Überfall."

Nun muss Idris erneut alles berichten.

„Na, dann fahren wir mal auf die Wache und nehmen das Protokoll auf", sagt der zweite Polizist.

„Können wir bitte mitfahren?", fragt Kathy. „Wir wissen nämlich nicht, wie wir nach Hause kommen sollen."

„Ach, ich dachte, ihr wollt hier campen", sagt der Polizist mit Bart lachend. Er deutet auf Mara. „Zum Glück hat die junge Dame am Telefon gesagt, dass ihr zu fünft seid, und wir haben den größeren Wagen genommen. Sonst hättet ihr euch für heute Nacht ein Iglu bauen müssen."

Erleichtert steigen alle in den Polizeibus. Kathy sitzt nicht weit von den Polizisten entfernt. Obwohl die Beamten leise reden, kann sie das Gespräch verstehen. Einer sagt, dass sie die Spurensicherung zu dem Fahrzeug schicken müssten. Der andere meint, er sei sich nicht sicher, ob alles stimme, was Idris berichtet habe. Er könne sich erinnern, dass

der Türke vor ein paar Jahren schon mal
einen Einbruch verübt habe. Vielleicht sei
der Überfall nur vorgetäuscht und er einer
der Täter.

5   Endlich sind sie zurück in ihrer Straße.
Die Polizisten lassen die vier Kinder aus-
steigen, dann fahren sie mit Idris zum Revier.

Kathy vergräbt die Hände in den Taschen
und zieht die Schultern hoch. „Wisst ihr, was
10 der eine Polizist gesagt hat?"

„Nee, hab nix gehört", antwortet Yasha.

Kathy atmet tief durch. „Der hat gemeint,
Idris wäre vielleicht gar nicht wirklich
überfallen worden. Was glaubt ihr? Kann
15 es sein, dass Idris mit den Räubern unter
einer Decke steckt?"

„Was? Der Bulle verdächtigt Idris? Der
tickt doch nicht ganz richtig!" Yasha kocht
vor Wut. „Mein Cousin ist kein Dieb. –
20 Mann, ich muss unbedingt seine Unschuld
beweisen!"

Kathy legt eine Hand auf seinen Arm.
„Wir helfen dir dabei."

„Aber was können wir tun?", überlegt
Mara. „Wir wissen nur, dass die Räuber drei
junge Männer mit schwarzen Kapuzenjacken
waren."

„Gefährliche junge Männer", fügt Kathy
leise hinzu.

„Wir sollten nach der Hütte suchen",
schlägt Erik vor. „Wo sie die Pakete versteckt
haben. Am besten treffen wir uns nach dem
Abendessen bei mir."

Eine Stunde später sind die vier Kinder in
Eriks Zimmer versammelt.

„Lasst uns mal auf Google Earth nachsehen, wo es geeignete Hütten gibt." Erik
ruft auf dem Computer ihre kleine Stadt auf.
Dann sehen sie sich die Umgebung von oben
an. Im Umkreis von zehn Kilometern finden
sie jede Menge frei stehende Gebäude auf den

Satellitenbildern. Nie im Leben können sie die alle abklappern.

„Vielleicht sollten wir westlich der Stadt suchen", schlägt Kathy vor. „Beim Bernsteiner Forst."

Erik zoomt die Gegend heran.

„Hier!", ruft Yasha und deutet auf einen dunklen Fleck auf einer Waldlichtung. Leider ist keine Beschreibung dabei. Doch mithilfe einer Wanderkarte finden sie heraus, dass es sich um eine Hütte des Fahrradklubs handelt. Bei Schnee und Eis ist dort vermutlich nichts los. Yasha schlägt sich auf den Schenkel. „Ich könnte wetten, in der Bude sind die Sachen."

6. Kapitel

Schwarze Kapuzen

Am nächsten Tag, dem letzten Schultag
des Jahres, machen sich die vier nach dem
Mittagessen auf den Weg. Die Taschengeld-
bestände sind fast aufgebraucht. Deshalb
beschließen sie, die zweieinhalb Kilometer
zu Fuß zu gehen. Zum Glück ist die Hütte
nicht so weit entfernt wie der Barfußpfad
und es bleibt noch über zwei Stunden hell.

„Idris konnte gestern Abend wieder nach
Hause", berichtet Yasha. „Aber er darf die
Stadt erst einmal nicht verlassen. Nur weil
so ein Schwachkopf meint, mein Cousin sei
verdächtig."

„Immerhin haben wir ihn gefunden. Ihm
ist nichts passiert und er ist gesund", versucht
Kathy ihn zu beruhigen.

„Zum Glück", bestätigt Yasha. „Er hat nur
einen Schnupfen, weil er so lang in der Kälte
sitzen musste."

Als sie aus der Stadt kommen, knirscht
der gefrorene Schnee unter ihren Schuhen.
Der eisige Wind beißt im Gesicht und pfeift
durch jede Ritze ihrer Jacken.

„Ich will Frühling", murrt Mara und zieht
ihre Mütze tiefer ins Gesicht.

„Aber erst nach Weihnachten", erwidert
Erik, der nach wie vor auf ein neues Smartphone hofft.

Nach einer halben Stunde kommt endlich
ein kleines Holzhaus in Sicht. „Meine Zehen
sind bald abgefroren", jammert Mara.
„Hoffentlich ist das hier richtig."

„Pst!" Erik legt den
Finger an die Lippen.
„Vielleicht sind wir
nicht allein."

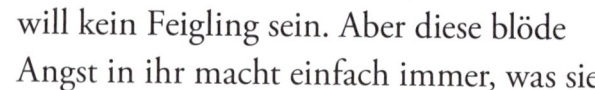

Unruhig sieht
Kathy sich um. Sie
will kein Feigling sein. Aber diese blöde
Angst in ihr macht einfach immer, was sie

will. Jetzt zum Beispiel bekommt sie zitternde, butterweiche Knie.

Leise gehen sie auf die Hütte zu und lauschen. Nichts.

Plötzlich knackt es im Gehölz. Etwas bewegt sich, nur wenige Meter entfernt. Erschrocken bleiben sie stehen, halten die Luft an. Dann sehen sie, wer das Geräusch verursacht hat. Es ist braun. Nicht schwarz. Ohne Kapuze.

„Ein Reh!", freut sich Mara. „Wie süß!"

„Puh, ich bin vor Schreck beinahe ohnmächtig geworden", gibt Kathy zu.

Yasha hält es nicht mehr aus. Er stürzt auf das Klubhaus zu und rüttelt an der Tür. „Na klar!", schimpft er. „Abgeschlossen."

„Hast du erwartet, dass die Diebe einen Tag der offenen Tür veranstalten?", fragt Mara lachend.

Die Fenster sind mit Holzläden verschlossen, der Hinterausgang ist ebenfalls zu.

„Wie kommen wir da rein?", überlegt Yasha. „Sollen wir ein Fenster aufbrechen?"

Kathy betrachtet den Boden. „Nein. Hier haben die Diebe nichts versteckt."

Yasha schaut sie ungläubig an. „Hä? Wie kommst du darauf?"

„Ich fürchte, Kathy hat recht", sagt Erik.

Nun fällt es auch Mara auf. „Im Schnee sind nur unsere Spuren, sonst keine. Und seit gestern hat es nicht mehr geschneit. Man müsste die Abdrücke also noch sehen."

„Oh Mann!" Wütend kickt Yasha gegen die Wand der Hütte. Eine Ladung Schnee rutscht vom Dach auf seinen Kopf. Verärgert schüttelt er sich. „Wir müssen die Pakete unbedingt finden. Nur so kann ich Idris' Unschuld beweisen."

Erik wirft einen Schneeball an einen Baumstamm, um seiner Enttäuschung Luft

zu machen. „Lasst uns gehen. Hier können
wir nichts tun."

Für den Rückweg brauchen sie deutlich
länger. Bedrückt schlurfen sie durch die
eisige Winterlandschaft. Endlich erreichen sie
die ersten Häuser. Auf den geräumten Wegen
kommen sie schneller voran. Nur noch zehn
Minuten, dann sind sie zu Hause.

Maras Blick geht zum Kinderspielplatz.
Selbst die Rutschbahn ist weiß vom Schnee.
Doch auf der Schaukel sitzt jemand. Mit
schwarzer Jacke und Kapuze. Die Person
zieht an einer Zigarette. Unterhält sich mit
zwei anderen jungen Männern. In schwarzen
Kapuzenjacken.

Mara bleibt so plötzlich stehen, dass Yasha
ihr ungebremst in den Rücken knallt. „Was
ist los?", fragt er.

„Pst, leise", ermahnt Mara ihn flüsternd
und schiebt die anderen um die Ecke.
Gemeinsam linsen sie durch eine Hecke.

Kathy macht große Augen. „Die sehen aus wie im Video", flüstert sie. „Die Verbrecher!"

Einer der Männer hat besonders breite Schultern. Er dreht sich um, wirft seine Zigarette in den Schnee und drückt sie aus.

Mara stockt der Atem. „Mirko!" Der brutale Kraftprotz aus der Neunten ist unverkennbar.

Yasha schlägt sich an die Stirn. „Auf ihn hätten wir auch gleich kommen können", zischt er leise.

Die drei jungen Männer verabschieden sich und brechen auf.

„Was tun wir jetzt?", fragt Mara.

„Wir verfolgen sie", beschließt Erik. „Vielleicht können wir so etwas herausfinden. Anscheinend gehen die Typen in verschiedene Richtungen. Wir müssen uns aufteilen."

„Ich gehe mit Yasha", sagt Kathy gleich.

Die Kapuzenträger verlassen den Spielplatz. Einer der Männer biegt nach links ab.

Erik gibt Yasha und Kathy ein Zeichen, ihm zu folgen.

Er selbst hängt sich mit seiner Schwester an die Fersen von Mirko und dessen Kumpel. Dummerweise können sie kaum verstehen, worüber die beiden sprechen. Doch immerhin einige Worte schnappt Erik auf: „Post … gestern … Pakete … Knete." Ganz klar, dass es um den Überfall geht.

Plötzlich bleibt Mirko stehen. Ruckartig dreht er sich um. Dann stampft er auf Mara und Erik zu. „Hey, was wollt ihr?", bellt er. „Warum lauft ihr uns nach?" Bedrohlich ballt er seine riesigen Fäuste.

„Wir gehen nur nach Hause", antwortet Mara mit etwas piepsiger Stimme.

„Ich hasse es, wenn man mich bespitzelt", schnauzt Mirko. „Macht die Fliege, aber dalli!"

„Wir sind schon weg." In Windeseile saust Mara auf die andere Straßenseite, dicht

gefolgt von ihrem Bruder. Dort laufen sie weiter, sehen stur geradeaus. Trotzdem bemerken sie, wie Mirkos Begleiter kurz darauf in einem Zweifamilienhaus verschwindet.

„Warte, mein Schuh ist offen", sagt Mara und bückt sich.

„Dein Stiefel hat einen Reißverschluss. Was soll das?", wundert sich Erik.

„Wirst du gleich sehen", antwortet seine Schwester leise.

Endlich ist auch das Muskelpaket mit den Monsterfäusten außer Sichtweite. Mara eilt zum Haus von Mirkos Kumpel. Dort macht sie ein Handyfoto von den Klingelschildern.

Erik zeigt mit dem Daumen nach oben. Dann legen sie einen Zahn zu, um nach Hause zu kommen.

In ihrer Straße werden sie schon von den anderen erwartet. „Wir wissen, wo der Typ wohnt", berichtet Yasha.

„Super! Wir haben auch die Adresse von einem", verkündet Erik.

„Und den Namen", fügt Mara hinzu und zeigt stolz ihr Handyfoto. „Na ja, zumindest eines der beiden Schilder muss zu ihm gehören."

„Ihr glaubt nicht, worüber die gesprochen haben!" Aufgeregt berichtet Erik, was er von der Unterhaltung hören konnte.

Yasha schlägt sich mit einer Faust in die Hand. „Das sind sie! Hundertpro!"

„War eigentlich gar nicht schwer, die Diebe zu finden", meint Mara.

Erik macht ein stolzes Gesicht. „Morgen melden wir das der Polizei."

7. Kapitel

Heimliche Verfolgung

Erik sieht auf die Uhr. Halb elf am Vormittag. Es ist schon der 22. Dezember. Die Diebe sind noch nicht gefasst, die Pakete nicht gefunden. Hoffentlich handelt die Polizei schnell, wenn er und seine Freunde die Täter präsentieren.

Seit heute sind Weihnachtsferien. Für Yasha bedeutet das: zwei Wochen lang ausschlafen. Vor elf darf es niemand wagen, ihn zu stören. Mara dagegen ist seit einer Stunde unterwegs. Mit der Musikschule hat sie einen kleinen Auftritt im Seniorenheim.

Am Nachmittag wollen die vier aufs Polizeirevier gehen. Erik notiert alles, was sie über den Fall wissen, um nichts zu vergessen.

Seine Mutter steckt den Kopf ins Zimmer. „Könntest du bitte Eier besorgen, damit ich Zimtsterne backen kann?"

„Okay. Aber nur, wenn ich mir die neue
PC-Zeitschrift kaufen darf."

Frau Neumann lacht. „Das ist Erpressung."
Doch dann drückt sie ihm einen Zehneuro-
schein in die Hand.

Im Supermarkt herrscht schreckliches
Gedränge. Die liebliche Weihnachtsmusik,
die im Hintergrund dudelt, passt überhaupt
nicht zur Hektik der Kunden. Erik schlängelt
sich an Lebkuchen und Schoko-Weihnachts-
männern vorbei zum Zeitschriftenregal.

Wenige Meter entfernt begrüßt ein älterer
Junge einen anderen. „Hi, Toni, bist du auch
da?", fragt er, obwohl es ja offensichtlich ist.
Er deutet auf das Smartphone in Tonis
Hand. „Hast du ein neues Handy?"

„Ja, seit zwei Tagen. Das brandaktuelle
YV-27", antwortet Toni. „Das Teil ist
megaschnell, die Spiele laufen ganz ohne
Ruckeln."

Erik kennt Toni vom Schulhof. Er ist zwar recht klein, müsste aber in der Achten sein. Woher hat er das Smartphone? Im Handyladen konnte er es vor zwei Tagen nicht kaufen. Vielleicht hat Toni es online bestellt?

„Kommst du mit auf 'ne Cola?", fragt der andere Junge.

„Okay, aber nur kurz. Muss noch für meinen Bruder in die Apotheke", antwortet Toni und geht mit ihm davon.

Erik sieht den Jugendlichen nachdenklich hinterher. Da fällt ihm etwas auf: Toni humpelt. Im ersten Moment kapiert Erik nicht, was daran so wichtig ist. Doch plötzlich wird es ihm klar. Er lässt PC-Zeitschriften und Eier, wo sie sind, und eilt den beiden hinterher.

Ein Blick auf die Uhr sagt ihm, dass Yasha einigermaßen wach und Mara mit dem Auftritt fertig sein müsste. Er braucht dringend Verstärkung.

Erik wählt die Nummer seines Freundes. Nach dem sechsten Klingeln geht Yasha endlich ans Telefon. „Was'n los?", nuschelt er mit verschlafener Stimme.

„Ich hab noch 'nen Verdächtigen", erklärt Erik und berichtet kurz von Toni und dem Smartphone. „Ich könnte wetten, es ist aus der Lieferung für den Handyladen."

Plötzlich ist Yasha hellwach. „Was sollen wir tun?"

„Ihn verfolgen", sagt Erik. „Gib den anderen Bescheid. Ich melde mich gleich wieder."

Toni und sein Kumpel verschwinden in einem Schnellimbiss.

Eilig tippt Erik eine WhatsApp-Nachricht an Yasha. Zum Glück hat er noch die zehn Euro in der Tasche. Er holt sich einen Erdbeermilchshake und setzt sich in die Nähe der beiden Jungen. Von da kann er gut hören, wie Toni sein neues Smartphone anpreist. Genau das Modell, das sich Erik so sehr zu Weihnachten wünscht.

Eine Viertelstunde später verabschiedet sich Toni von seinem Bekannten. Yasha, Mara und Kathy sind noch nicht aufgetaucht.

Erik will eine weitere Nachricht schicken, doch sein Akku hat den Geist aufgegeben. Schon wieder! Den Verdächtigen darf er nicht aus den Augen lassen. Er räumt sein

Tablett weg und verlässt das Lokal kurz nach Toni.

„Mist", flucht Erik leise. Wo ist Toni? Hat er sich in Luft aufgelöst? Angestrengt späht er die Straße entlang. Plötzlich krallt sich eine Hand in seine Schulter. Erschrocken zuckt Erik zusammen. Hat Toni bemerkt, dass er verfolgt wird? Oder ist es Muskelmonster Mirko?

„Warum so schreckhaft?", fragt Yasha mit breitem Grinsen. Mara und Kathy stehen hinter ihm.

Erik schnaubt. „Toni ist weg."

„Nee, echt?", stöhnt Yasha. „So eine verfluchte K…"

„Moment!", unterbricht Erik seinen Freund. „Ich weiß, wo er sein könnte. Kennt ihr eine Apotheke in der Nähe?"

„Ja." Kathy deutet auf die nächste Querstraße. „Hier links um die Ecke, dann hundert Meter weiter."

Eilig biegen sie in die genannte Richtung ab. Toni ist nicht zu sehen. Doch wenig später kommt der Gesuchte aus der Apotheke, mit einer Tüte in der Hand.

5 In sicherer Entfernung gehen die vier Toni hinterher. Während der Verfolgung berichtet Erik von seinem Verdacht. „Erinnert ihr euch an den kleinen, humpelnden Räuber?"

10 „Den wir auf dem Video der Webcam gesehen haben?" Mara nickt. „Stimmt, das könnte er sein. Hatte er nicht einen Unfall?"

„Hab ich auch gehört", bestätigt Kathy. „Toni ist im Herbst bei seinem großen Bruder 15 auf dem Motorrad mitgefahren. Sie sind gestürzt und die schwere Maschine lag auf Tonis Bein. Seitdem humpelt er."

Ohne die vier jungen Detektive zu bemerken, betritt Toni wenige Minuten später 20 ein Mehrfamilienhaus. Dicht an dicht parken die Autos in der kleinen Wohnstraße.

Im Vorbeigehen macht Mara wieder ein Foto vom Klingelschild. „Brückenstraße 14", stellt sie fest.

„Okay, Leute, los zur Polizei!", sagt Yasha entschlossen.

Erik grinst und gibt seinem Freund einen Klaps auf die Schulter. „Gleich nach dem Mittagessen."

„Hoffentlich haben wir genug Beweise", überlegt Mara.

„Na klar!", ist Yasha überzeugt. „Und damit können wir den Bullen verklickern, dass mein Cousin unschuldig ist."

Kathy bleibt so ruckartig stehen, dass Erik sie beinahe umrennt. „Sagt mal, war auf dem Video nicht ein weißer VW-Bus?", fragt sie nachdenklich.

Mara folgt Kathys Blick. „Stimmt. Mit einem blauen Aufkleber."

„Und der Aufkleber könnte vom Angel-verein sein", fügt Yasha hinzu.

Erik grinst über beide Ohren. „Ich könnte wetten, Tonis Familie hat zufällig genau solch einen VW-Bus."

Zur Beweissicherung fotografiert Mara den Bus, das Nummernschild und den Aufkleber. „Na, was sagt ihr? Ist das eine heiße Spur?"

„Ha!" Yasha schlägt seine Faust in die Hand. „Die Spur ist so heiß, dass man sich daran die Pfoten verbrennt."

Kathy rätselt: „Sagt mal, haben wir jetzt nicht einen Dieb zu viel? Mirko und seine Freunde waren ja schon zu dritt."

„Vermutlich hat der Fahrer während des Überfalls im Bus gewartet", meint Erik. Das klingt für alle logisch.

„Vier Verbrecher", flüstert Kathy und schluckt. Die Sache scheint immer gefährlicher zu werden …

8. Kapitel

Volltreffer

Frau Neumann ist ziemlich angesäuert, als
Erik nach Hause kommt. „Keine Eier, keine
Zimtsterne", stellt sie klar und hält die Hand
auf, um die zehn Euro zurückzufordern.

Erik macht ein verzweifeltes Gesicht.
Einen Teil des Geldes hat er im Fast-Food-
Restaurant ausgegeben. Und er ahnt, dass sie
den Rest noch dringend brauchen könnten.
„Oje, Ma, das ist schon weg. Weil … wegen
Weihnachten. Kannst ja nächsten Monat
mein Taschengeld kürzen." Insgeheim hofft
er, dass sie es bis dahin vergessen hat.

Auf dem Polizeirevier ist am Nachmittag
sogar noch mehr los als beim letzten Mal.
Die vier haben keine Lust, stundenlang zu
warten. Eigentlich ist die Aufklärung eines
Verbrechens ja keine Sache für vier Kinder.
Aber bis die Polizei endlich Zeit hat, ver-

gehen wahrscheinlich Monate. Sie müssen unbedingt die verschwundene Weihnachtspost finden. Damit Mara, Erik, Frau Brodbeck und viele andere rechtzeitig ihre Geschenke bekommen. Und natürlich um zu beweisen, dass Idris kein Dieb ist.

Als die Kinder wieder zu Hause sind, sehen sie sich auf Eriks Computer noch einmal die Aufnahme der Webcam an. Zuerst beobachten sie den weißen Bus, der langsam vorüberfährt. Erik lässt die Szene in halber Geschwindigkeit ablaufen und vergrößert das Bild. Dann vergleichen sie mit Maras Handyaufnahme.

Yasha springt begeistert auf. „Leute, das ist der Wagen!"

Bald darauf sehen sie die drei jungen Männer. Der kleinste humpelt und sieht tatsächlich aus wie Toni.

„Was wollten die da?", fragt Kathy.

„Die haben Idris zuerst nur beobachtet", vermutet Erik. „Dann sind sie ihm gefolgt und haben ihn beim nächsten Haus gekidnappt."

„Diese Schweine!", regt sich Yasha auf und ballt die Fäuste. „Mein Cousin hat seitdem schreckliche Albträume."

Kathy nickt. „Logisch, nach dem Schock."

Mara betrachtet noch einmal das Foto von dem weißen Fahrzeug. „Vermutlich ist das also der VW-Bus, in den die Pakete umgeladen wurden."

„Ja, damit sind sie zu einer Hütte gefahren", erinnert sich Yasha. „Aber wir wissen immer noch nicht, zu welcher."

„Was ist mit dem Angelverein?", fragt Kathy. „Vielleicht finden wir darüber etwas im Internet."

„Stimmt, der blaue Aufkleber. Angelverein Bürklenwald", liest Erik auf Maras Handyaufnahme.

Die Suchmaschine liefert jede Menge Infos. Etwa acht Kilometer von der Stadt entfernt liegt der Fischweiher des Klubs, mitten im Bürklenwald. Und eine Vereins-
5 hütte.

„Eine Hütte!", rufen die vier beinahe gleichzeitig aus.

„Volltreffer! Leute, der Fall ist so gut wie gelöst", ist Erik überzeugt. „Ich könnte
10 wetten, dort sind die Pakete."

„Wenn die Diebe nicht schon alles verscherbelt haben", fügt Yasha hinzu.

„Oh nein, hoffentlich nicht." Mara schluckt. „Mein Keyboard."

15 „Und die Smartphones", murmelt Erik. Er will die Hoffnung nicht aufgeben.

„Los, lasst uns nachsehen!" Yasha ist fest entschlossen. „Ich bin sicher, wir sind den Weihnachtsräubern auf der Spur."

20 Kathy schaut auf die Uhr. „Aber in zwei Stunden ist es dunkel."

Yasha zuckt mit den Schultern. „Na und? Ich lass Idris nicht hängen. Und vielleicht bringen sie gerade heute Abend die Ware weg."

„Kann man nicht wissen", gibt Erik zu. „Aber die Zeit ist wirklich zu knapp. Ich würde vorschlagen, dass wir gleich morgen früh losfahren. Um acht."

„Was? Spinnst du? Wir haben Ferien!", schimpft Yasha. Doch dann fällt ihm sofort wieder ein, dass er ja die Unschuld seines Cousins beweisen will. „Okay. Um neun."

Bis dahin gibt es noch einiges vorzubereiten. Eriks Handy macht mit GPS schon nach drei Minuten schlapp und Kathy besitzt keines. Deshalb geben die Kinder die Koordinaten des Fischteichs in die Smartphones von Mara und Yasha ein. Außerdem speichern sie die Karte rund um den Weiher ab, damit sie auch ohne Netz den Weg finden können.

Dann legen sie ihre Münzen zusammen. Erik hat noch das Restgeld, das für den Einkauf bestimmt war. Yasha, Kathy und Mara geben die letzten Euros dazu, die von ihrem Taschengeld übrig sind. Das müsste sogar für den Rückweg reichen.

Erik studiert den Fahrplan. „Um 8.55 Uhr fährt ein Bus vom Marktplatz ab. Der nächste zwei Stunden später."

„Na gut, 8.55 Uhr", brummt Yasha.

9. Kapitel

Entdeckt!

Der Bürklenwald liegt im Nordwesten der Stadt. Die Bushaltestelle ist zwei Kilometer vom Ziel der Kinder entfernt.

„Wieder durch die eisige Kälte stapfen", murrt Mara. In der Nacht ist die Temperatur auf minus fünfzehn Grad gefallen und sie hat das Gefühl, dass es seitdem noch kälter geworden ist.

Ein Wanderschild weist ihnen den Weg zum Fischweiher. So können sie ihn sogar ohne Handy leicht finden. Der Schnee ist hart. Dadurch sinkt man nicht weit ein, muss aber aufpassen, auf der glatten Fläche nicht auszurutschen.

Erik deutet auf den Boden. „Seht ihr die Spuren?"

„Von einem Auto", antwortet Kathy.

„Ich könnte wetten, von einem VW-Bus", fügt Yasha hinzu.

Mara überlegt. „Die Spuren sind etwa drei Tage alt. Seitdem gab es keinen Neuschnee mehr und alles ist festgefroren. Und es sind nur zwei Autospuren."

„Eine hin, eine zurück", sagt Kathy.

„Yes!", jubelt Yasha und streckt eine Faust in die Luft. „Das heißt, die Pakete sind wahrscheinlich noch da."

Diese Erkenntnis wirkt wie ein Motor. Nun sind die vier doppelt so schnell. Die Aufklärung des Falls scheint zum Greifen nah zu sein.

„Hoffentlich kommen die Räuber nicht ausgerechnet heute, um die Sachen abzu-holen", sagt Kathy. Doch niemand antwortet. Und sie selbst versucht, ihre Angst wegzu-schieben, bis sie nur noch ganz klein im Magen sitzt.

Zwanzig Minuten später sehen die Kinder die Hütte. Sie liegt etwas verborgen zwischen den schneebedeckten Bäumen. Ein blaues Schild mit dem Logo des Angelvereins zeigt ihnen, dass sie richtig sind.

„Jetzt wird's spannend." Yasha fährt sich aufgeregt durch die Haare. „Mann, Leute, das muss das richtige Versteck sein!"

„Wenn wir das Lager auch diesmal nicht gefunden haben, krieg ich die Krise." Maras Zähne klappern. Sie hat das Gefühl, bald nur noch eine Eisfigur zu sein.

„Ich denke, wir sind richtig." Erik versucht, die Zeichen im Schnee zu lesen. „Dort drüben hat das Auto angehalten. Und jede Menge Fußspuren führen zur Tür. Los, lasst uns die Hütte anschauen!"

„Aber, ähm, ich kann gerade nicht." Mara trippelt von einem Bein aufs andere. „Ich muss mal ganz dringend. Komme in zwei Minuten nach."

„Ich geh mit dir", sagt Kathy. „Als Aufpasserin."

„Genau." Erik lacht. „Nicht, dass mein Schwesterchen beim Pinkeln von einem Wildschwein überfallen wird."

Kathy wirft ihm einen bösen Blick zu. An Wildschweine will sie gar nicht denken. Da wird ihr gleich wieder mulmig.

Die Mädchen gehen ein Stück einen schmalen Pfad entlang. „Da ist der Teich", bemerkt Mara. „Zugefroren. Ob das Eis wohl dick genug ist, dass wir darauf laufen könnten?"

„Ich würd's lieber nicht ausprobieren", antwortet Kathy und späht zur Hütte. „Die Jungs gehen gerade hinters Haus. Wahrscheinlich suchen sie einen Hintereingang."

Mara hat sich im Gebüsch verkrochen. „Boah, ist das kalt!", jammert sie.

Kathy beobachtet einen Specht, der sich an einem Baumstamm zu schaffen macht. Außer dessen Klopfen hört sie noch ein anderes Geräusch. „Ein Auto", stellt sie erschrocken fest. „Da kommt jemand. Hoffentlich sind es nicht die Verbrecher!"

„Was, echt?" Eilig zieht Mara die Hose hoch. „Bist du sicher?" Sie stellt sich neben Kathy und horcht. Jetzt kann auch sie das Motorgeräusch hören. Es kommt näher.

„Was, wenn die Jungs nichts bemerkt haben?", fragt Mara beunruhigt. „Wir müssen sie warnen. Falls es wirklich Mirko mit seiner Bande ist." Sie will schon zur Hütte rennen. Doch Kathy hält sie kopfschüttelnd zurück, mit dem Finger an den Lippen.

Der Specht ist verschwunden. Nur das Fahrzeug ist noch zu hören. Angespannt lauschen die Mädchen in den Wald hinein. Reifen drehen durch. Der Motor geht aus. Kurz darauf werden Autotüren zugeschlagen. Ganz in der Nähe. Dann Stimmen. Von jungen Männern. Im sonst nahezu lautlosen Wald sind sie recht gut zu verstehen.

„Ich schlepp das ganze Zeug aber nicht so weit", motzt einer und hustet bellend.

„Ich kann auch nichts dafür, dass es hier megaglatt ist", erwidert ein anderer. „Außerdem wollten wir uns heute doch nur ein paar Sachen holen. Ein Handy zum Beispiel. So

wie dein kleiner Bruder. Der konnte es ja
nicht erwarten. Der Rest hat Zeit, bis wir
wieder fit sind."

„Okay, klingt gut. Vielleicht finden wir ein
paar nette Weihnachtsgeschenke", sagt der
Erste und hustet schon wieder.

Mara und Kathy spähen hinter den
Bäumen hervor. Jetzt sind die Gestalten zu
sehen. Die drei jungen Männer gehen auf die
Hütte zu. Einer trägt eine Strickmütze, ein
anderer eine schwarze Jacke mit Kapuze. Der
dritte ist etwas kleiner und humpelt: Toni.
Doch Muskelprotz Mirko ist nicht dabei.

Plötzlich bleibt der mit Mütze stehen und
zeigt auf den Boden. „Seht ihr das? Da sind
Schuhabdrücke. Das sind nicht unsere."

„Stimmt." Der Kapuzenträger betrachtet
den gefrorenen Schnee. „Hier gehen welche
hinter die Hütte."

„Toni, mit wem warst du im Versteck?",
fragt der andere.

„Ich war allein", antwortet Toni. „Schau, meine Abdrücke gehen zur Tür. Die sind viel tiefer und deutlicher, weil vor drei Tagen der Schnee noch frisch und nicht gefroren war. Irgendwer muss nach mir hier gewesen sein."

Kathy hält eine Hand vor den Mund, um einen Schrei zu unterdrücken. Wenn die Diebe hinter der Hütte nachsehen, werden sie die Jungen entdecken.

„He, dein kleiner Bruder hat recht", bestätigt der Mann mit der Mütze. „Wer spioniert da rum?"

„Das kriegen wir raus. Vielleicht sind die Schnüffler ja noch in der Nähe. Halte du hier Wache", sagt der andere zu Toni. „Wir sehen hinten nach." Schon stapft er los.

Kathy faltet die zitternden Hände und blickt zwischen den Baumwipfeln zum Himmel. Leise flüstert sie ein Gebet mit der Bitte um Hilfe. Sie will nichts unversucht lassen.

Eine Minute lang geschieht gar nichts.

„Sollen wir uns anschleichen?", fragt Mara dann leise.

Kathy schüttelt den Kopf. „Vielleicht ist es besser, sie wissen nichts von uns", wispert sie.

„Stimmt. Warten wir."

Die Mädchen zittern am ganzen Körper. Vor Kälte und vor Angst. Mara klemmt die Hände unter ihre Achseln.

Ein Schrei unterbricht die Stille. „He, lass mich los!" Das ist Yasha. „Pfoten weg!"

„Wir … wir wollten hier nur Rehe beobachten", stammelt Erik. „Das ist doch wohl nicht verboten."

„Das könnt ihr zwei Schnüffler meiner Großmutter erzählen", blafft einer der beiden jungen Männer. „Aber die steht nicht so auf Märchen."

Nun tauchen sie im Blickfeld der Mädchen auf. Die Räuber haben die Jungen fest im Griff.

„He, Kleiner, hol mal den Schlüssel aus meiner Jackentasche", sagt einer der Männer zu Toni. „In der Kommode ist eine Angelschnur. Die ist genau richtig für die fetten Fische hier."

Während Toni in die Hütte geht, will Yasha sich losreißen. Doch statt der Freiheit erhält er einen Faustschlag.

Toni kommt nach kürzester Zeit mit der Angelschnur und einem Messer aus dem Holzhaus.

„Los, fesseln!", befiehlt der Mützenträger. „Und dann überlegen wir uns, was wir mit den beiden anstellen."

„Mir würde da schon was einfallen", krächzt der mit Kapuze. Er nimmt seinem jüngeren Bruder das Messer ab und dreht es zwischen den Fingern.

„Was machen die mit Erik und Yasha?", fragt Mara erschrocken. „Wir müssen ihnen helfen."

Kathy nickt. „Dringend! Die Jungs sind in riesiger Gefahr!" Ihr Gesicht ist beinahe so weiß wie der Schnee.

10. Kapitel

Wassermonster

Mara schluckt ihre Tränen hinunter. „Erik …
mein Bruder. Wenn ihm was passiert …"

„Wir sollten die Polizei holen", flüstert
Kathy ihr zu.

„Ja, ich rufe an. Die müssen sofort her-
kommen. Behalt du die Räuber so lang im
Auge." Mara schleicht sich an eine geschützte
Stelle, wo sie von der Hütte aus nicht gehört
und gesehen werden kann.

Aufgeregt beobachtet Kathy die Männer.
Vor Schreck reißt sie ihre Augen auf. Was
macht der Kapuzenträger? Hält er etwa das
Messer an Eriks Hals? Und warum bekommt
Yasha von dem anderen schon wieder einen
Fausthieb verpasst? Wer weiß, was die Ver-
brecher mit den Jungen anstellen, bis die
Polizei endlich auftaucht?! Es muss etwas
geschehen – jetzt! Irgendwer muss die drei
Fieslinge aufhalten!

Diesmal betet Kathy nicht. Sie wartet nicht auf ein himmlisches Wunder. Sie schreit. So laut sie kann. „Erik! Yasha! Kommt schnell, ich hab was gefunden!" Sie verlässt ihr Versteck hinter dem Baum, macht einige Schritte in Richtung der Hütte und winkt mit beiden Armen. „Hier bin ich!", ruft sie.

„Da ist ja noch eine!", blafft der Kapuzenträger und fängt schon wieder an zu husten. „Na, warte, dich hab ich gleich." Er lässt Erik los und braust auf Kathy zu.

Kathy sieht sich erschrocken um. Ihr wird klar, dass sie die Aktion nicht gut durchdacht hat. Was, wenn der Verbrecher sie schnappt? Dann haben sie drei Gefangene. Auf keinen Fall darf Mara entdeckt werden, sonst sind sie komplett verloren. Sie muss in die andere Richtung rennen. Doch dort ist nur der Fischweiher. Aber sie hat keine Wahl und läuft auf die Eisdecke zu.

Als Kathy am Ufer angekommen ist, bleibt sie für einen kurzen Moment stehen. Sie hört Schritte hinter sich. Und Husten. Sehr nah. Es gibt nur zwei Möglichkeiten: gefangen werden oder die Flucht über den gefrorenen Teich wagen.

Kathys Knie schlottern. Sie hat das Gefühl, keine Muskeln mehr zu haben. Nach einem Stoßgebet betritt sie vorsichtig das Eis. Hält die Luft an. Macht den zweiten Schritt. Und noch einen. Die Schneeschicht auf der glatten Fläche gibt ihr etwas Halt. Aber was, wenn das Eis bricht? Sie denkt nicht darüber nach, geht weiter, langsam und bedächtig.

Als Kathy bemerkt, dass ihr Verfolger nur wenige Meter hinter ihr ist, vergisst sie die Vorsicht. So schnell wie möglich macht sie sich über den gefrorenen Weiher davon.

„Hilfe!" Ein verdächtiges Knistern. Ein Knacksen. Direkt unter Kathys Füßen. Dennoch eilt sie weiter. Sie friert nicht mehr.

Kalter Schweiß rinnt ihr über den Rücken
und von der Stirn.

Das Knistern und Knacksen nimmt zu.
„Nein!“, hört sie hinter sich einen Schrei.
Kurz darauf ein lautes Platschen. „Scheiße!“,
hallt ein Fluch durch den Wald.

Kathy spürt Wasser unter ihren Füßen.
Nicht viel, aber sehr bedrohlich. Nur noch
wenige Schritte bis zum Ende des Weihers.

Sie muss das Ufer erreichen. Schnell. Unbeirrt läuft sie weiter.

Geschafft! Erschöpft fällt Kathy in den Schnee. Als sie zurückblickt, sieht sie den zappelnden Mann im Teich.

„Ben, Toni, holt mich hier raus!", brüllt ihr Verfolger. Verzweifelt strampelt er im Wasser. Jedes Mal, wenn er sich am Eis hochziehen will, bricht er wieder ein.

Ben, der Mann mit der Wollmütze, kommt angerannt. „He, Alex, wir sind nicht zum Baden hier", spottet er. Dann dreht er sich um und ruft: „Toni, bring mal ein Seil!"

Kathy steht leise auf und versucht sich zu verstecken. Doch der Kumpel des Wasser- monsters hat sie längst entdeckt. „Kleine, dich kriegen wir auch noch!", droht Ben und schwingt eine Faust in der Luft. Seine zornige Stimme lässt Kathy erschaudern.

Toni kommt bald darauf mit einem Seil zurück. Kathy beobachtet, wie er versucht,

es dem nassen Ganoven Alex zuzuwerfen –
doch das Seil ist zu kurz. Dann nutzt sie ihre
Chance und schleicht sich davon. Wenn sie
den Hang hinaufklettert, müsste sie zu dem
Weg kommen, der links zur Bushaltestelle
und rechts zur Hütte führt.

Der Hang ist steil und zudem äußerst
glatt. Immer wieder rutscht sie ab, doch sie
gibt nicht auf. Einen Meter hochklettern,
einen halben hinunterrutschen.

Nur noch ein kleines Stück – bald hat sie
es geschafft. Auf den letzten Metern wird es
allerdings besonders steil. Kathy hält sich an
einer Baumwurzel fest. Plötzlich hört sie ein
Geräusch. Direkt über ihr. Schritte. Mucks-
mäuschenstill klebt sie am Hang.

Am Weiher ist es ruhig. Ihr Verfolger
wurde inzwischen aus dem Wasser gezogen.
Sind die Männer nun etwa hier oben, am
Ende des Hügels? In gefährlicher Nähe?
Was geschieht mit ihr, wenn sie von ihnen

entdeckt wird? Sie will Weihnachten zu Hause feiern, mit ihrer Mutter. Nicht in den Fängen der Verbrecher!

Kathy wird schwindlig. Vor Angst kann sie sich kaum noch halten. Hoffentlich kommt bald Hilfe!

11. Kapitel

Räuberjagd

„Das gibt's doch nicht", hört Kathy eine
wispernde Stimme. Merkwürdig. Es kommt
ihr vor, als wäre es Erik. Danach ein leises
Klicken. Eine vorsichtig geschlossene Autotür
vielleicht.

„Das nenn ich Glück", zischt eine andere
Person. Wie Yasha klingt sie. Obwohl das
nicht sein kann.

Sind die Stimmen eine Täuschung? Hat
Kathy sie sich nur eingebildet? Kommt das
vom Schwindel?

Sie wartet einen Moment. Dann zieht
sie sich mit letzter Kraft hoch. Ein Stück
entfernt sieht sie zwei Gestalten. Eine mit
Kapuzenjacke, die andere mit Strickmütze.
Sie haben Kathy gehört und drehen sich um.

Es sind tatsächlich Yasha und Erik! Sie
winken ihr zu, geben ihr Zeichen. Sie soll
ihnen leise folgen.

Kathy weiß nicht, woher sie die Kraft noch nehmen soll. Langsam richtet sie sich auf, versucht auf den Beinen zu stehen. Aber nach ein paar wackligen Schritten treten ihre Muskeln in Streik und ihr wird schwarz vor Augen. Nein, sie kann nicht mehr. Erschöpft sackt sie zusammen, direkt neben dem weißen VW-Bus.

Wieder eine Stimme. „Los, Kathy, du musst aufstehen!", zischt sie ihr zu. „Die Typen kommen sicher gleich." Das ist Erik.

„Wenn die dich finden, siehst du alt aus", fügt Yasha hinzu. „Auf geht's, Kathy, wir helfen dir."

Sie spürt, wie sie unter den Achseln gepackt wird.

„Da drüben können wir uns verstecken. Hinter dem Holzstoß", sagt Erik.

„Wo ist Mara?", keucht Kathy.

Erik seufzt. „Wir haben keine Ahnung. Hoffentlich nicht in Gefahr."

„Ihr darf nichts passiert sein", wimmert Kathy leise.

„Zuerst bringen wir dich in Sicherheit, dann suchen wir Mara", sagt Yasha bestimmt.

Kaum haben sie sich hinter den aufgeschichteten Baumstämmen verkrochen, sind die Ganoven zu hören. Sie kommen eilig näher, ihre Worte sind bereits zu verstehen.

„Mann, wenn ich die dumme Kröte erwische, werf ich sie in den Teich", wettert Alex. „Und dann soll sie sehen, wie sie wieder rauskommt. Ich lieg garantiert wochenlang flach wegen der Tussi." Er hustet wie ein Seehund, nur doppelt so laut.

Kathy zittert hinter dem Holz und hält sich die Hand vor den Mund. Sie darf nicht entdeckt werden. Noch einmal könnte sie den Verbrechern nicht entkommen, das weiß sie genau.

„Ich möchte echt wissen, wo die drei stecken", ist Toni zu hören.

„Wir sollten uns aufteilen", sagt Ben. „Toni, geh du weiter den Weg entlang. Alex, du suchst rechts. Ich geh zurück."

Alex soll rechts suchen? Der Holzstapel liegt rechts vom Weg! Den drei Kindern stockt der Atem. Der Schreck bringt Kathys Herz zum Stolpern. Erik sieht sich nervös nach einer Fluchtmöglichkeit um. Yasha greift vorsorglich nach Kathys Arm, um ihr beim Abhauen helfen zu können.

„He, hört ihr das?" Toni klingt beunruhigt.

Auch hinter dem Holzstoß ist das Geräusch zu erkennen: Sirenen.

„Die Bullen. Wahrscheinlich ein Unfall", meint Ben.

Alex ist sich da nicht so sicher. „Und wenn sie hierherkommen? Leute, ich hab keine Lust, geschnappt zu werden. Außerdem friert mir alles ab." Sein bellender Husten wird immer schlimmer. „Zu der dämlichen Grippe brauch ich echt keine Lungenentzündung als Zugabe."

„Okay", sagt Ben. „Lasst uns abhauen."

Hinter den Holzstämmen atmen drei Kinder erleichtert auf. Die beiden Jungen zwinkern sich zu.

Die Türen des VW-Busses werden geöffnet. Kurz darauf schallt ein Fluch durch den Wald, so laut, dass vermutlich alle Tiere im Umkreis von fünf Kilometern das Weite suchen: „Verdammt! Die Kröten haben den Schlüssel abgezogen."

Die Sirene kommt schnell näher.

„Was machen wir jetzt?", fragt Toni. Er klingt ziemlich verzweifelt. „Ich will nicht in den Knast."

„Verstecken", bestimmt Ben. Er scheint der Chef der Bande zu sein. „Los, schnell da runter!"

Yasha atmet auf. „Puh, zum Glück nicht zu uns", zischt er leise.

Eine Minute später stoppt ein Polizeiwagen neben dem VW-Bus. Ein Beamter steigt aus. Es ist einer der beiden, die nach Idris' Entführung zum Waldparkplatz gekommen waren – der mit Bart.

Erleichtert kriechen Erik, Yasha und Kathy hinter dem Holz hervor. Kathys Muskeln funktionieren wieder einigermaßen.

Stirnrunzelnd betrachtet der Polizist die Kinder. „Ihr schon wieder? Habt ihr uns angerufen?"

„Ja, das war Mara", antwortet Kathy. „Wir haben die Verbrecher entdeckt."

„Die gestohlenen Pakete sind da drüben in der Hütte des Angelvereins." Eriks Stimme klingt stolz und zufrieden.

„Mein Cousin ist also unschuldig", fügt Yasha hinzu.

Erik kramt in seiner Jackentasche. „Und hier ist der Autoschlüssel. Wir haben ihn vorhin abgezogen."

Erstaunt nimmt der Ordnungshüter den Fahrzeugschlüssel entgegen. „Und wo sind die Täter jetzt?"

Yasha deutet zu dem Hang, der zum Fischweiher führt. „Sie sind gerade eben in diese Richtung gelaufen."

Während der Fahrer aussteigt, kommt ein weiterer Polizeiwagen an. Leise verständigen sich die Beamten, dann geht alles ganz schnell.

Der bärtige Polizist macht ein strenges Gesicht. „Ihr wartet hier", befiehlt er. „Keine Detektivspielchen mehr, verstanden?"

„Alles klar", antwortet Yasha kleinlaut.

Ein Geräusch lässt die Kinder aufhorchen. Und die Beamten. Ganz in der Nähe hört man jemanden husten. Die Diebe sind also noch nicht weit gekommen.

Einer der Polizisten jagt den Hang hinunter. „Halt, stehen bleiben! Polizei!" Seine Kollegen laufen ihm hinterher.

Man hört knackendes Holz und fluchende Stimmen, die sich entfernen.

Kurz darauf kommt jemand auf die drei Freunde zugerannt. Wer ist das?

„Mara!", rufen Erik und Kathy gleichzeitig. Sie fallen sich in die Arme, sind froh und erleichtert. Nun können sie nur noch hoffen, dass die Verbrecher den Polizisten nicht entkommen. Ängstlich und vor Kälte bibbernd warten sie, was geschieht.

Sie müssen nicht lange ausharren. Wenige Minuten später tauchen vier Polizisten auf, mit drei Männern in Handschellen. Der kleinste der Verhafteten humpelt und ist auffallend still. Der mit Mütze scheint einen Fluchwettbewerb gewinnen zu wollen. Und der mit Kapuze hört nicht auf zu husten.

Da fällt Alex' Blick auf die Kinder. An Kathy bleibt er hängen. „Du Miststück!", brüllt er und will sich auf sie stürzen.

Kathy weicht erschrocken zurück. Doch zum Glück hat der Polizist den hustenden Räuber fest im Griff. Trotzdem fühlen sich Kathy und ihre Freunde erst sicher, als die Diebe in den beiden Polizeiwagen sitzen.

„Leute, noch nie im Leben hab ich solche Angst gehabt", gibt Mara zu. „Wäre ich nicht vorher pinkeln gewesen, hätte ich mir in die Hosen gemacht."

„Echt gut, dass du die Polizei gerufen hast", lobt Erik. „Sonst würden wir jetzt schwer in der Patsche sitzen."

„Wie seid ihr eigentlich freigekommen?", fragt Kathy die Jungen.

Yasha lacht. „Das haben wir nur dir zu verdanken. Als dein Verfolger ins Eis eingebrochen ist und nach den beiden anderen Ganoven gerufen hat, waren wir noch nicht besonders gut gefesselt. Erik konnte seine Schnur lösen und hat mich dann auch befreit."

„Genau." Erik klopft auf Kathys Schulter. „Du hast uns gerettet."

Mara nickt und nimmt ihre Freundin in den Arm. „Du warst unglaublich mutig, Kathy."

Kathy hat eigentlich immer gedacht, sie sei der Angsthase höchstpersönlich. Aber vielleicht war sie heute wirklich ein bisschen mutig. Ein kleines Lächeln huscht über ihr Gesicht.

Der bärtige Polizist kommt auf die Kinder zu. „So, die drei dürfen heute auf Staatskosten übernachten", sagt er und deutet auf die Diebe. „Allerdings können wir euch jetzt nicht mitnehmen."

„Kein Problem", meint Yasha. „Wir fahren mit dem Bus."

„Was ist nun mit den Paketen?", fragt Erik.

„Der Kleinere hat alles gestanden", sagt der bärtige Polizist. Damit meint er Toni. „Der Fall ist also gelöst. Wir schicken demnächst

einige Beamte her, die sich um die Post
kümmern."

„Aber … Sie dürfen damit nicht zu lange
warten", wendet Mara ein. „Da sind ganz
bestimmt jede Menge Weihnachtsgeschenke
dabei. Und morgen ist Heiliger Abend."
Dass vielleicht auch ihr Keyboard in der
Hütte liegt, verrät sie nicht.

„Meine Schwester hat recht", sagt Erik.
Dabei denkt er möglicherweise ein klein
wenig an die Smartphones, die der Handy-

111

laden nie erhalten hat. „Das muss schnell gehen. Was meinen Sie, gibt's die Post noch rechtzeitig an Weihnachten?"

„Hm, ihr scheint es sehr eilig zu haben." Der Polizist zwinkert ihnen zu. „Ich werde mal sehen, ob wir dem Christkind ein bisschen helfen können."

12. Kapitel

Stille Nacht?

Am Nachmittag vor dem Heiligen Abend
sind die Kinder noch aufgeregt wegen der
überstandenen Abenteuer. Ihren Eltern haben
sie längst nicht alles verraten. Die würden
sonst garantiert einen Nervenzusammen-
bruch erleiden. Und womöglich für die
nächsten drei Jahre Hausarrest verhängen.
Und Weihnachtsgeschenke streichen. Nein,
es ist besser, sie nicht noch mehr aufzuregen.

Nachdem die Verbrecher am Tag zuvor
verhaftet worden waren, mussten die Kinder
aufs Polizeirevier, um eine Aussage zu
machen. Dort haben sie erfahren, dass die
Grippewelle ein Glück war: Tonis großen
Bruder Alex hat es voll erwischt. Deshalb
hatte die Bande das Diebesgut nur schnell in
der Hütte verstaut und nicht sofort verkauft.

Mirko und seine Kumpel sind unschuldig.
Wäre der Muskelprotz einer der Verbrecher

gewesen, hätte er vermutlich Hackfleisch aus den Detektiven gemacht. Selbst mit Grippe, Gipsbein und nur einem Auge.

Die vier haben versprochen, künftig nicht mehr eigenmächtig auf Verbrecherjagd zu gehen. Und die Polizisten haben versprochen, die gestohlenen Pakete und Briefe so schnell wie möglich freizugeben. Allerdings wäre es ein kleines Wunder, wenn die Post tatsächlich noch vor Weihnachten bei den Empfängern ankommen würde.

Erik flucht gerade, weil sein Handyakku schon wieder streikt, da klingelt es. Kathy steht vor der Tür, mit einer Tüte Weihnachtsplätzchen in der Hand. „Hier, hab ich mit meiner Mutter gebacken", sagt sie. „Frohe Weihnachten."

Mara hat die Stimme ihrer Freundin gehört und läuft zur Tür. „Hey, Kathy, komm doch rein."

„Aber nur kurz", antwortet Kathy. „Wir wollen nachher noch zum Gottesdienst."

In dem Moment kommt Frau Brodbeck die Treppe herunter. „Ihr geht zum Gottesdienst?", fragt sie. „Könnt ihr mich vielleicht mitnehmen?"

Kathy dreht sich zu der alten Dame um. „Gerne. Wir holen Sie dann um halb fünf ab, okay?"

„Ist eigentlich das Paket von Ihrem Sohn gekommen?", erkundigt sich Mara.

Frau Brodbeck seufzt. „Nein, ich warte immer noch darauf." Traurig murmelt sie: „Das wird ein trostloses Weihnachtsfest, so allein."

„Hm." Kathy überlegt. „Vielleicht können Sie mit uns feiern. Meine Mama und ich sind auch allein."

„Moment, ich hab eine Idee …" Mara verschwindet in der Wohnung. Kurz darauf kommt sie wieder. „Was haltet ihr davon,

115

wenn wir alle gemeinsam feiern? Unsere
Eltern sind einverstanden."

Ein strahlendes Lächeln breitet sich auf
Frau Brodbecks Gesicht aus. „Wirklich? Das
wäre sehr schön."

Während alle im Treppenhaus stehen,
kommt Yasha dazu. „Ich hab tolle Nach-
richten", verkündet er. „Die Polizei ist mit
der Untersuchung der gestohlenen Sachen
fertig. Und Idris macht freiwillig Über-
stunden, um sie heute noch zuzustellen."

„Das ist super!", freuen sich Mara und
Erik. Hoffentlich sind ihre Geschenke
wirklich dabei. Und das Paket für Frau
Brodbeck.

„Wir feiern heute Abend alle zusammen
Weihnachten. Willst du auch kommen?",
fragt Erik seinen Freund.

Yasha zuckt mit den Schultern. „Ich bin
Muslim, kein Christ", antwortet er. „Im Islam
wird die Geburt von Jesus nicht gefeiert."

„Ist doch egal", wendet Mara ein.

„Es ist nicht nur das Fest von Christi Geburt, sondern auch das Fest der Liebe", erklärt Kathy. „Ich finde, es spielt keine Rolle, welcher Religion man angehört. Nächstenliebe hat nichts mit der Konfession zu tun. Wir können alle füreinander da sein, gemeinsam feiern und glücklich sein."

„Das hast du schön gesagt", pflichtet Frau Brodbeck ihr bei.

Mara freut sich. „Das wird ein tolles Weihnachtsfest."

Am Heiligen Abend ist bei Erik und Mara die Spannung groß. Frau Neumann hat ihre Kinder in deren Zimmer verbannt, als Idris am späten Nachmittag die Post gebracht hat. Kurz danach ist Herr Neumann aus dem Haus geeilt. Nun liegen hübsch eingewickelte Pakete unter dem geschmückten Weihnachtsbaum. Aber sind es auch die

117

Geschenke, die sich die beiden so sehr wünschen?

„Wenn nicht, dann werden wir trotzdem schön feiern", meint Mara tapfer.

„Ja, notfalls spar ich vom Taschengeld auf ein neues Smartphone. Irgendein billigeres", sagt Erik und seufzt nur ganz leise.

Würstchen und Kartoffelsalat sind schon fertig, als es klingelt. Kathy steht mit ihrer Mutter vor der Tür, Yasha hinter ihnen.

„Vielen Dank für die Einladung", sagt Kathys Mutter. „Und frohe Weihnachten."

„Weihnachten hin oder her: Einen gemeinsamen Abend mit euch will ich nicht verpassen", meint Yasha und grinst.

Frau Brodbeck kommt kurz danach – mit ziemlich verzweifeltem Gesicht und einem Notebook in der Hand. „Mein Sohn hat mich angerufen und gesagt, ich könnte mit dem Ding hier mit ihm sprechen", sagt sie. „Aber ich weiß nicht, wie es funktioniert."

Erik liest sich die Anweisungen durch, die Frau Brodbecks Sohn geschickt hat. Lächelnd tröstet er die Nachbarin. „Ich werd Ihnen gleich alles einrichten. Sie können sich dann mit Ihrem Andreas unterhalten und ihn gleichzeitig sehen."

„Ihn sehen? In Amerika?", staunt die alte Dame.

„Genau. Ich kann auch demnächst mal bei Ihnen vorbeikommen, falls Sie sonst noch Hilfe mit dem Computer brauchen."

„Das würdest du tun?" Frau Brodbeck strahlt Erik an. „Auf das Angebot komme ich gerne zurück."

Solange Mara und ihre Eltern den Tisch decken, macht sich Erik schon an die Arbeit. Doch als die Würstchen auf dem Tisch stehen, stellt er das Notebook zur Seite.

Zu acht ist es am Tisch etwas eng, aber gemütlich. Während des Essens unterhalten sie sich über vergangene Weihnachtsfeste. Die

Kinder lauschen gespannt, was Frau Brodbeck von früher erzählt.

„Schon bald acht", fällt Erik auf, nachdem
das Geschirr abgeräumt ist. „Wann gibt's
Geschenke?"

„Oh, um acht Uhr wollte mein Sohn mit
mir sprechen. Mit dem Ding da." Frau Brodbeck deutet auf ihr Notebook.

„Na, dann werd ich mich mal ranhalten",
verspricht Erik. Obwohl er so gerne endlich
sein Päckchen öffnen würde, kümmert er
sich zuerst um den Computer. Bald darauf ist
es geschafft. Und als Frau Brodbeck ihren
Sohn auf dem Bildschirm sieht, live und in
Farbe, kann sie es kaum glauben. Vor Freude
rinnt ihr ein Tränchen über die Wange.

„Dann würde ich vorschlagen: An die
Geschenke!", ruft Herr Neumann.

Das lassen sich Mara und Erik nicht
zweimal sagen. Mara jubelt, als sie das
gewünschte Keyboard aus dem großen

Karton packt. Und Erik ebenso über sein Geschenk in der kleinen Verpackung: ein nagelneues Smartphone YV-27! Die hübschen Pullis für die beiden sind eine nette Zugabe, aber nicht so wichtig.

„Wir dachten schon, diesmal würde es nur Pullover für euch geben", verrät Herr Neumann. „Gerade noch rechtzeitig ist die Post gekommen. Der Chef vom Handyladen hat auch erst vor zwei Stunden seine Lieferung erhalten. Netterweise hat er eine Sonderschicht eingelegt und angerufen, dass ich das bestellte Smartphone abholen kann."

„Ja, da haben ein paar Leute ganze Arbeit geleistet. Vor allem mein Cousin", sagt Yasha in dem Moment, als es wieder klingelt.

Es ist Idris. Erik begrüßt Yashas Cousin mit einem Klaps auf die Schulter. „Na, wenn man vom Teufel spricht …"

„Hey, ich bin ein Engel", wehrt sich Idris lachend. „Wegen mir habt ihr eure Ge-

schenke. Ich wollte mich übrigens bei euch bedanken." Er drückt Erik eine Packung mit türkischem Nugat in die Hand.

„Lecker! Bleib doch hier", lädt Erik ihn ein. „Kannst mit uns feiern."

„Klingt gut. Zu feiern haben wir ja eine Menge – nicht nur Weihnachten", bemerkt Idris. „Sondern auch, dass ihr den Fall gelöst habt und ich nicht mehr verdächtigt werde."

Frau Brodbeck hat das Gespräch mit ihrem Sohn beendet. Sie hat noch ganz rote Backen vor Freude. „Aber etwas fehlt für ein richtiges Weihnachtsfest", meint sie. „Früher haben wir immer gesungen."

Kurz darauf gibt es ein hübsches kleines Konzert. Mara spielt auf ihrem neuen Keyboard. Yasha hat schnell seine Gitarre geholt und Kathy ihre Blockflöte. Als sie gemeinsam „Stille Nacht" singen und spielen, ist es gar nicht so still. Und gerade das macht allen Freude.

„Wirklich eine schöne Feier", findet Yasha.

Erik nickt. „So sollte Weihnachten immer sein."

„Ein Fest der Nächstenliebe", fügt Kathy hinzu.

„Was meint ihr?", fragt Mara strahlend. „Feiern wir künftig immer gemeinsam Weihnachten?"

„Klar!" Da sind sich alle einig.

Leseprobe aus:

Judith Le Huray,

... und jetzt sehen mich alle!

Schulausgabe erschienen im
Hase und Igel Verlag, München
ISBN 978-3-86760-165-8
Begleitmaterial für Lehrkräfte
ISBN 978-3-86760-465-9

Tabea bekommt einen Schreck. Josh will über
die Notebook-Kamera zu ihr reinschauen?
Sie sehen? Jetzt? In ihrem ausgewaschenen
Shirt und mit den zerzausten Haaren? Wäre
5 schon witzig. Und vielleicht traut er sich
dann ein bisschen mehr als in der Schule.

Tabea: ok. wie geht das?
Josh: schick dir link und passwort
Tabea: muss aber vorher noch aufs klo

10 Tabea schaut in den Spiegel. So kann sie sich
nicht sehen lassen. Schnell das T-Shirt wech-

seln. Das türkisfarbene ist hübsch. Ein bisschen Kajal und Lipgloss auflegen und mit ein
paar Bürstenstrichen durch die Haare fahren.
Die alte Jogginghose kann er ja nicht sehen,
wenn sie am PC sitzt. Aber das Bett, das
genau hinter dem Notebook steht. Schnell
die Decke glatt gezogen, Kissen ausgeschüt-
telt, die leere Chipstüte in den Mülleimer
befördert. Vor allem muss Fritzchen, ihr
Schmuseteddy, neben dem Schreibtisch verschwinden. Wäre ja peinlich, wenn Josh den
sehen würde. Er würde denken, sie sei etwa
so kindisch wie seine kleine Schwester.

Tabea: wd
Josh: wb :-)
Tabea: und jetzt?

Josh schickt ihr die Zugangsdaten. Für ihn
sei es auch das erste Mal, schreibt er. Und er
sei total aufgeregt, ob das funktioniere.

Tabea macht alles nach Joshs Anweisung. Dabei spürt sie, wie ihr Gesicht rot wird. Gleich wird er sie auf seinem Bildschirm haben. Und ihr Zimmer. Live.

Schon erscheint ein schwarzes Fenster. Sie gibt ihren Namen und das Passwort ein. Nach kurzer Zeit sind zwei Kästen zu sehen. Über einem steht *Tabea*, darunter ist ein bewegtes Bild von ihr. Ob Josh das auch sehen kann? Sie versucht, ein nettes Gesicht zu machen. Über dem anderen Kasten steht *Josh-Versuch1*, aber sonst ist alles schwarz.

„Josh, hörst du mich?", fragt Tabea ihren Computerbildschirm. Doch weder der noch Josh antwortet. Und das zweite Viereck bleibt schwarz. Der Chat im *WirNetz* ist noch geöffnet, das ist gut.

Tabea: kann dich nicht sehen. alles schwarz
Josh: bei mir auch
Tabea: und jetzt?

Josh: meine Schwester schreit. muss weg.
lass beide chat-fenster offen. ich schau später
woran es liegt
Tabea: ok cu

5 Tabea nutzt die Zeit, um sich zu stylen, das
Zimmer besser aufzuräumen und sich eine
frische Limo zu holen. Dazwischen schaut sie
immer wieder auf ihren Monitor. Alles un-
verändert.
10 Ein bisschen stöbert sie noch im *WirNetz*
und findet sogar die Seite des blonden Acht-
klässlers mit den fiesen Bemerkungen von
Wilder Hengst. Bei dem ist wohl wirklich eine
Schraube locker.